스페인 중세 알레고리 문학

스페인 중세 알레고리 문학

중세 문학 텍스트에 나타난 역사적 현실

HISTORICAL REALITY IN SPANISH MEDIEVAL ALLEGORY

백승욱

고려대학교출판부
KOREA UNIVERSITY PRESS

이 저서는 2009년 정부(교육부)의 재원으로 한국연구재단의 지원을 받아 수행된 연구임(NRF-2009-812-A00157).

책머리에

이 책은 스페인 중세 서사문학의 핵심적인 흐름들 중 하나라고 할 수 있는 알레고리 문학에 관하여 저자가 현재까지 산출한 연구 성과물을 토대로 엮었다. 국내는 물론 서구에서도 제대로 소개되지 않은 스페인 중세 알레고리 문학작품들을 직접 수집, 분석하고 스페인 고전 서사문학 발전 과정의 체계적인 이해를 돕고자 하는 것이 이 책의 주요 집필 목적이다.

서구 중세문학사에 있어 알레고리는 세비야의 현자 이시도로 주교가 그의 저서《어원론》에서 언급했듯이 그 개념 자체 속에 '픽션'이라는 의미를 이미 내포하고 있다. 한편 그 방법에 있어서는 몇 가지 전형적 전개 패턴과 인물 유형들이 정형화되어 있는 만큼 현재의 픽션과 매우 다르다고 볼 수 있다. 즉 중세 알레고리는 주로 몇 가지 단순화된 상징적 인물을 내세워 그들 사이에 이루어진 대화나 논쟁으로 구성된다. 작품의 규모가 큰 경우에는 인물의 숫자나 내부 에피소드의 시공간적 역동성이 증가하는 경향이 있다. 당시 알레고리 문학은 고등 교육의 혜택을 받은 특정 지식계층을 위한 표현 매체였기 때문에 이해하기 쉽지 않은 현학적인 상징이나 난해한 표현 구도가 극대화되는 경우가 자주 관찰된다.

스페인 중세 알레고리가 실질적으로 아주 매우 오랜 세월에 걸쳐 광범위하게 통용되었던 문학의 한 조류였다는 사실에도 불구하고 현존 작품들은 상당 부분이 시대적으로 13세기와 15세기 사이에 집중된다. 문헌학적 관점에서도 실제 분석 대상인 작품의 수가 실존했던 수에 비하여 극히 제한적인 만큼 이 책에서 지향하는 연구 방향과 수준은 다음과 같은 몇 가지 목표로 설정하였다.

첫째, 스페인 중세 지성 문학의 핵심적인 문체인 알레고리를 체계적으로 파악한다. 그 표현 방식과 문학 방법론에 대하여 정확히 이해함으로써 서구 고전 속에 기록된 사상, 정치, 사회, 문화, 교육 등 다양한 분야에 대한 지적 체계를 종합적으로 해석할 수 있는 토대를 마련할 수 있기 때문이다. 서민풍의 구전 문학이나 일반 독자를 배려해 풀어 쓴 장황한 어투의 작품과는 달리 알레고리 문체는 매우 암시적이고 집약적인 만큼 충분한 배경 지식을 가진 지식인들을 위한 현학성이 강한 문학이었던 것이 사실이다.

둘째, 서구의 희귀 원문 텍스트에 대한 직접적인 수집과 한국어 번역에 중심을 둔다. 국내외에서 접하기 쉽지 않은 희귀 고전 작품들에 대한 문헌학적 연구이므로 인접 분야의 학자 혹은 학문 후속 세대를 위하여 원문과 아울러 그 번역문 제시에 많은 지면을 할애하였다. 원 텍스트에 대한 조사, 수집, 번역 등의 과정과 텍스트에 대한 일차적인 분석을 독자들과 공유하는 것이 이 책의 기본적인 목표이다. 따라서 저자의 지나친 개인적 해석이나 일반 이론의 도입을 가능한 한 자제하였다. 이는 아직 충분히 알려지지 않은 희귀 고전에 대한 지나친 확대 해석이나 이론화는 그 원 텍스트에 대한 왜곡을 초래할 가능성이 있기 때문이다. 특히 이 과정에서 발생할 수 있는 본의 아닌 선택과 배제의 행위는 독자들을 제한적 지식 수준에 머무르게 할 가능성이 큰 것도 사실이다. 이 책에 사용된 원문 텍스트들은 기본적으로 모두 현시점까지 세계 학계에서 그 타당성을 검증받은 범위 내에서 선별되었다.

셋째, 서구 고전문학 연구를 위한 실질적 기초자료 확립을 모색한다. 앞서 언급한 두 가지 목표를 기반으로 본 연구의 궁극적인 목표는 서구 중세문학 및 지성사를 이해하기 위한 실질적인 문헌적 근거 확립이자 동시에 고전 텍스트 연구의 자체적이고 객관적이고 방법론 모색을 위한 기초연구이다.

이 책은 총 2부로 이루어진다. 1부에서는 스페인 중세 알레고리 작품에 대한 분석과 이론 구성에 중점을 두었다. 1부의 1장은 스페인 중세 알레고리의 개념과 발전 과정을 거시적으로 설명하고 선별된 주요 알레고리 작품을 구체적으로 소개하였다. 2장은 알레고리 문학과 가장 밀접한 주제인 궁정식 사랑의 문체적 전통을 소개하고 작품에서 역사적 현실과 어떻게 연계되는지 분석하였다. 3장은 중세 사회 계층 간의 갈등적 현실이 알레고리 작품에 어떻게 투영되었는지 구체적인 작품별 분석을 시도하였다. 4장은 추상적인 알레고리 표현 속에 숨어 있는 정치성을 작가 개인의 윤리관과 연관시켜 서술하였다. 5장은 스페인 중세문학과 초기 르네상스 문학이 교차하는 가운데 알레고리 문학이 어떻게 진화해 나가는지 분석하였다. 2부에서는 주요 알레고리 작품을 아홉 편 선별하여 원문 번역을 시도하였다.

끝으로 본 연구가 희귀 고전 텍스트에 대한 문헌학적 분석에 치중한 만큼 그 성과에 대한 불확실성이 존재함에도 불구하고 연구 작업이 실질적으로 가능하도록 지원해 준 한국연구재단과 그 성과물의 출판을 허락한 고려대학교출판부에 감사드린다.

2014년 6월

백승욱 씀

차례

3장 사회계층 간의 분화와 대립

4장 선과 악의 상대적 표현에 반영된 정치성

5장 과거와 현재의 충돌: 새로운 윤리관의 생성

2부

주요 작품 번역

1부

제1장
서문

1. 스페인 중세 알레고리의 가치

스페인 중세문학의 범주에서 광범위하게 지속적으로 발견되는 일종의 문체인 알레고리(alegoría)는 어떤 중요한 관념이나 사상을 표현하기 위한 정형화된 서사문학의 한 조류라고 할 수 있다. 몇 가지 의인화된 개념이나 상징체가 등장하여 각자의 생각과 정당성을 주장하면서 상반되는 성향의 상대자와 논쟁을 벌이는 가운데 전체 담론이 형성되는 방식이 스페인 중세 알레고리의 일반적인 패턴이다. 작품마다 다소 규모의 차이는 있을지라도 일련의 에피소드들이 연결되어 하나의 이야기를 구성한다는 점에서 내용상 공통점을 이룬다. 중세 알레고리는 르네상스 이후 본격적으로 발전한 소설과 같은 서사 장르에 비하여 사실 투영성이 많이 떨어지고 암호화된 상징체계의 사용이 지나치다는 인상을 줄 수 있다. 하지만 당시로서는 출판문화가 급속도로 확산된 르네상스 이후와는 달리 문학을 접하는 사람들이 사회의 극히 일부 식자 계층에 국

한되었다는 점을 고려할 때 중세 알레고리가 보여 주는 문체적 현학성은 그다지 특이하다고 단정할 수는 없다. 이는 중세 알레고리의 난해성이 일상생활에서 소통할 때 사용하는 보편적 언어가 아닌 특정 문어체, 즉 문학을 위한 일종의 협약된 문체를 기반으로 했다는 사실로 설명될 수 있다. 아울러 당시 알레고리 작가들이 즐겨 사용하던 형이상학적 개념, 상징체계, 형식구조, 서사기법 등은 정형화된 어떤 공식의 범위 내에서만 가능했다는 사실로도 이해할 수 있다. 이러한 맥락에서 스테노우와 크냅(Steunou y Knapp, 1975)은 스페인 중세 알레고리가 15세기에 이르면 예술 분야에 속하기보다 논리성을 기반으로 한 과학적 학문으로 인식될 만큼 체계적인 수준을 보여 준다고 언급한 바 있다.

현존하는 스페인 중세 알레고리 작품 중 시기적으로 가장 앞선 것은 4세기에 기록된 《영혼의 전쟁》(*Psychomachia*)이다. 《영혼의 전쟁》은 스페인 북부 도시인 깔라오라 출신의 아우렐리오 프루덴시오 클레멘테(Aurelio Prudencio Clemente, 348-410?)에 의하여 라틴어로 기록된 시 작품으로서 선악과 관련된 다양한 의인화된 개념들이 기독교의 당위성을 놓고 전쟁을 벌이는 방식의 알레고리 서사체로 구성된다. 리베로 가르시아(ed. Luis Rivero García, Madrid: Gredos, 1997, 15-16쪽)는, 프루덴시오의 이 알레고리 작품이 이전 서유럽의 문헌에서는 유래를 찾아볼 수 없는 매우 독창적인 문체로 구성되었다는 사실을 언급한 바 있다. 이 문헌은 문학적 의의뿐만 아니라 스페인 중세 초기의 기독교 관념을 구체적으로 반영한 교육서로서도 높은 가치를 평가받을 수 있다. 그리스도에 대한 찬양과 가톨릭에 대한 옹호를 궁극적인 목적으로 내세우는 이 알레고리 작품의 대부분 내용은 선과 악을 대표하는 다양한 의인화된 개념들이 각자의 정당성을 주장하기 위하여 치열한 논쟁이나 전쟁을 벌이는 에피소드들로 구성된다. 예를 들어 작품의 일인칭 서술자는 선과 악을 상징하는 두 개념인 정결(Pudicitia)과 감정(Libido) 사이에서 일어난 결투를 아래 예문과 같이 묘사한다.

> 곧이어 초원에서 전투가 잠잠해지자 찬란한 빛을 발산하는 여인인 '정결'이 그녀의 휘황찬란한 칼을 차고 나선다. 그녀 위로 소돔의 횃불을 든 '감정'이 날아와 얼굴을 향해 유황불에 타오르는 송진이 발린 창을 던지고 불을 그녀의 정결한 눈 가까이로 가져가 혐오스러운 연기로 눈물을 쏟아내려고 애를 쓴다. 하지만 흔들림 없는 여인(정결)은 돌을 던져 타오르는 '화염'의 오른팔을 맞히고 그녀의 얼굴에서 횃불이 멀어지도록 피한다. 매음굴의 창녀(감정)가 무기를 잃게 되자 그 순간 여인(정결)은 칼을 휘두르며 감정의 목을 향해 날아든다. 그녀(감정)의 목은 증기를 뿜으며 굳어져가는 짙은 피를 흘려냄과 동시에 그 추한 심호흡은 주변의 공기를 더럽힌다.(ed. Luis Rivero García, 1997, 370-371쪽)

이 작품의 대부분에서 기독교의 가르침과 밀접하게 연관된 믿음(Fides), 소망(Spes), 자비(Operatio), 정결(Pudicitia), 겸손(Mens Humilis), 인내(Patientia), 검소(Sobrietas), 일치(Concordia) 등과 같은 개념들이 그와 상반되는 부정적 개념들 즉, 미신 숭배(ueterum Cultura deorum), 탐욕(Auaritia), 감정(Libido), 분노(Ira), 오만(Superbia), 애욕(Luxuria), 불일치(Discordia) 등과

장황하고도 격렬한 사투를 벌이게 되며, 그 결말부는 선 개념들이 악 개념들을 이겨내고 '믿음'과 '일치'가 '지혜의 사원'을 건립하게 된다는 내용과 아울러 이 작품을 기록하도록 영감을 선사한 그리스도에게 일인칭 화자가 감사를 드리는 메시지로 결론을 내린다. 이 작품은 의인화된 개념들 사이에서 벌어진 에피소드들을 엮어 한 편의 긴 알레고리 픽션을 구성한다는 점에서 스페인 중세 알레고리의 전형적 패턴을 보여 준다. 동시에 믿음, 소망, 사랑에서 비롯하여 수많은 주요 기독교 관념들이 서로 다른 층위에 배치되어 거대한 지식 체계를 구성하며 당시 중세사회에서 묵시적으로 통용되었을 법한 다양한 층위의 관념들 간의 연관성을 엿볼 수 있는 계기를 마련한다.

중세 알레고리에 대한 정의는 기원후 7세기에 스페인의 성자 이시도로 주교(San Isidoro de Sevilla)가 기록한 《어원론》(*Etimologías*)에서 발견된다.[1] 《어원론》은 당시 해당 지역을 포함하여 서구 기독교 사회에서 거론되었던 수많은 주요 개념들의 의미를 풀이한 일종의 백과사전이다. 이 문헌의 1권인 〈문법〉편(De Grammatica)에서 알레고리의 뜻을 아래와 같이 설명하고 있다.

> 알레고리는 표층적 의미와는 다른 어떤 중요한 내적 의미를 전달하는 표현 방법이다. 즉 뭔가를 이야기하는 가운데 그와 다른 실제 의미가 상대방에게 전달된다는 것이다. 예를 들어, "그는 바닷가에서 세 마리의 수사

1 스페인 남부 세비야의 성자인 이시도로 주교가 라틴어로 기록한 《어원론》은 당시 서구 최고의 백과사전에 해당한다고 볼 수 있다.

습을 목격한다"라는 표현은 포에니전쟁과 관련된 세 명의 군인이나 세 번에 걸쳐 일어난 포에니전쟁을 목격했다는 사실을 의미한다.(ed. Oroz Reta, y Marcos Casquero, 1982, 1권 346쪽)

이시도로 주교가 정의한 알레고리는 일종의 광의적 시각에서 '비유'의 개념으로 이해해 볼 수 있다. 이를 스페인 중세문학 전체에 접목시켜 생각해 볼 때, 알레고리는 단순한 어휘의 수준을 넘어 픽션 전체를 지지하는 일종의 구조적 개념으로 이해하는 것이 더 정확한 해석일 것이다. 일반적으로 알레고리 작품 내부에서 의인화된 개념들은 일련의 크고 작은 에피소드들을 만들어 내고 이 에피소드들은 작가가 작품 전체를 통해 표현하고자 하는 어떤 관념이나 사상 체계를 구성하게 된다. 이러한 맥락에서 알레고리는 주요 개념들에 대한 어휘에서 출발하여 작품의 형식 체계를 지지하고 작품 내용을 총체적으로 구성하는 서사구조 그 자체를 의미한다.

상반된 두 개념 혹은 그 이상의 의인화들 사이의 대화를 기반으로 구성된 알레고리 문체는 '논쟁'(debate)이라고 불리는 스페인 중세 서사 장르로도 그 분류가 가능하다. 현존하는 대부분의 '논쟁' 작품들은 12세기 이후 기록된 것이며, 그 구체적인 예로써 〈영혼과 육체의 논쟁〉(*Disputa del alma y el cuerpo*, 12-13세기), 〈기독교인과 유대인의 논쟁〉(*Disputa entre el cristiano y el judío*, 13세기), 〈사랑의 논증, 그리고 물과 술의 논쟁〉(*Razón de amor, con los denuestos del agua y el vino*, 13세기), 〈엘레나와 마리아〉(*Elena y María*, 13세기), 〈육체와 영혼의 대결〉(*Disputa del cuerpo e del ánima*, 14

세기), 〈사랑과 노인의 대화〉(*Diálogo entre el Amor y un viejo*, 15세기) 등을 생각할 수 있다. 이 알레고리 픽션들은 각각 독립적인 주제를 다루고 있음에도 불구하고 몇몇 의인화된 주요 개념들이 변증법적 대치 구도 속에서 논쟁을 벌이며 종국에 가서 어떤 종합적인 결과를 도출한다는 점에서 형식상의 공통점을 갖는다.

구체적으로 13세기 알레고리 작품인 〈물과 술의 논쟁〉에서 인간의 이성을 상징하는 '물'과 감정을 상징하는 '술' 사이에 오고 가는 대화는 이 두 영역을 소유한 모든 인간이 공감할 수 있는 보편적 갈등을 전제로 구성된다. 아래의 예문에서 보듯이, 의인화된 두 알레고리 인물인 물(이성)과 술(감정)은 서로의 약점을 적나라하게 파헤치면서 각자의 정당성을 주장하며 격렬한 논쟁을 벌인다.

> 이제 술이 모욕을 주기 시작하고
> 물 또한 술을 험담하게 된다.
> 먼저 술이 말한다.
> "물아, 넌 고약한 버릇을 가졌어,
> 너와 함께 있으니 즐겁지 않아,
> 네가 좋은 술에게 다가가면
> 그것을 싱겁고 못 쓰게 만들지."
> "술아, 네가 갖지 못한 명예를 걸고 말하건대,
> 너에게 어떤 올바른 가치가 있기에
> 칭찬을 받으려고 하고
> 또 나를 능멸하기를 원하지?
> 말하지 마. 우린 서로 공격할 필요가 없어.

너의 못된 성격을 잘 알고 있지.
너는 머릿속에 들어와서
나쁜 생각을 심어 주지.
착한 사람들은 너를 좋게 보지 않아.
넌 똑똑한 사람들을 정신없게 만들지.
어떤 신중한 사람도
너로 인해 지치게 되면
판단력과 평정심을 잃게 되지."
(ed. Manuel Alvar, 1991, 154-155쪽)

14세기에 기록된 알레고리 작품인 〈육체와 영혼의 대결〉에서는 '육체'와 '영혼'이 인간의 죽음을 두고 그 직접적인 책임이 서로 상대방에게 있다고 주장하며 격렬한 공방전을 벌인다. 지옥을 연상시키는 어둡고 무서운 장소에서 벌어지는 이 에피소드는 〈물과 술의 논쟁〉과는 달리 일인칭 자전적 화자의 어투로 서술되며 결론부에 가서는 특이하게도 악의 세력이 승리를 한다는 내용으로 마무리된다.

육체의 항변

정당하게 볼 때 나는 죽음이
우리를 떼놓은 이후에 비로소
내 자리를 찾았고 악의 출발점이
너라는 사실을 알게 되었지.
넌 자기자리조차 결코 잡지 못했고
숨는 방법조차 찾아내지 못했지.

너는 이제 애를 쓸 필요조차도 없어,
넌 네 스스로를 심판하게 될 거야.

영혼의 항변

저주받을 몸통아, 추악하고 더럽구나.
너의 썩은 고기에서 풍기는 악취로 인해
너를 무덤에 넣고 재빨리 묻게 되지.
너로 인한 걱정이 많아 그곳에 가두게 돼.
넌 자유를 찾았다고 믿지만
나와 함께 심판을 받으러 가야 만 하지.
네가 얼마나 잘 했나에 따라 상벌을 받게 되지.
지옥에서 영원히 감옥살이를 하게 될 거야.

내가 이 결투를 지켜보고 있을 때
머리숱에서, 무서워 기절초풍할
검은색의 악마가 튀어나왔다.
그는 손에 삼지창을 들고 그 새에게
말했지. "넌 나의 소유야,
내 안식처로 함께 가야 해,
그곳에서 영원히 지내며
많은 동반자를 만나게 될 거야."

결론

그러자 새는 비명을 지르며
말했다. "저를 만드신 하나님,
자비로운 왕이시여 전지전능한 능력으로

저를 악마로부터 구원해 주세요."
하지만 악마는 새를 잡아채고는 날아가 버렸다.
너무나 놀란 나는 즉시 잠에서 깨어났다.
꿈에서 본 바에 충격을 받은 나는
그 순간, 모든 감각을 잃고 말았다.
(*Ibid.*, 141-142쪽)

정형화된 개념들이 벌이는 대화나 논쟁을 통하여 작가 개인의 생각을 논리적으로 표현하는 중세 알레고리 문체는 15세기에 들어와 스페인 작가들 사이에 크게 유행하였다. 더욱이 이 시기에 스페인 문인들 사이에 급속도로 확산된 이탈리아의 인문주의와 정교한 시어(詩語)의 영향으로 작가 개인에 대한 표현이 훨씬 더 선명하게 이루어진 것으로 보인다. 이 과정에서 알레고리 픽션은 추상적 수준에서 점진적으로 벗어나 작가의 개별적인 주변 현실이나 정치적 상황에 대한 묘사를 조금씩 더해 간다. 이러한 15세기 알레고리의 새로운 경향과 직접적으로 관련된 작가로서 미셀 프란시스코 임페리알(Micer Francisco Imperial), 알폰소 알바레스 데 비야산디노(Alfonso Álvarez de Villasandino), 루이 파에스 데 리베라(Ruy Páez de Ribera), 산티야나 후작(Marqués de Santillana), 후안 데 메나(Juan de Mena), 고메스 만리케(Gómez Manrique), 후안 델 엔시나(Juan del Encina) 등과 같은 당대 최고 수준의 시인들을 생각할 수 있다.

예를 들어 단테 알리제리(Dante Aligheri)와 같은 이탈리아의 초기 르네상스 시인들의 문체를 비교적 일찍 수용한 프란시스코 임페리알은 자신의 알레고리 픽션《후안 2세의 탄생에 바치는 글》(*Dezir al nacimiento de Juan II de Castilla*, 1405)을 통하여 카스티야의 왕자 후안(don Juan de Castilla)이 훗날 왕으로 등극하여 국토회복전쟁(la Reconquista)의 성취와 아울러 스페인(España)의 통일을 기원한다. 단테의 〈천국〉편의 알레고리 구조와 유사한 형식으로 구성된 본 작품은 일곱 명의 여신(자비, 믿음, 소망, 정의, 강의, 충의, 절제)이 하늘에서 내려와 갓 태어난 왕자에게 각자가 준비한 선덕을 선물하면서 해당 인물의 정치적 승리를 축원하는 내용으로 전개된다. 작품에서, 길을 잃은 일인칭 화자에게 올바른 장소로 인도하며 가르침을 주는 안내자(Providencia)는 아래와 같이 주요 개념별 세부 체계를 상세하게 설명한다.

> 네가 사랑에 빠진 듯이 바라보는,
> 손에 검을 쥐고
> 안정된 기품으로 가득한 그 여인은
> 자비로우신 '정의'님이시다.
> 그녀의 영광스러운 딸들을 보아라.
> 판단, 진실, 성실, 반성,
> 다섯째인 진정한 설교,
> 여섯째인 평등과 일곱째인 법도가 있다.
> (ed. Joaquín González Cuenca, 1993, 312쪽)

프란시스코 임페리알은 이와 유사한 문체와 형식으로 또 다른 알레고리 장편 픽션인《일곱 선덕에 관한 글》(*Dezir a las syete virtudes*, 1407)을 기록하였다. 이 작품에서는 일곱 선덕 체계와 아울러 이와 상반된 의인화된 일곱 악덕(Merona, Arriana, Juderra, Alenxada, Celestina, Asissina, Sardanapala)[2]이 거론되는데 이들은 그 당시 스페인 사회의 안위를 해칠 수 있는 반윤리적인 위험요소를 상징하는 개념이라고 할 수 있다.

2. 스페인 15세기 인문주의와 알레고리 문학

이탈리아 인문주의가 이베리아 반도에 유입된 본격적으로 유입된 계기는 1394년 아비뇽 교황으로 추대된 스페인 태생의 페드로 데 루나(Pedro de Luna) 즉 베네딕트 13세(Benedicto XIII, 1394-1417)가 당시 스페인 출신의 학자들을 대거 등용한 시점에서 찾아볼 수 있다. 당시 14세기 서유럽 문화의 중심이라고 할 수 있는 아비뇽은 새로운 문물과 사상이 소개되는 곳이었다. 특히 당시에 개관된 아비뇽 교황청 도서관에는 종교 서적과 함께 고전문학 필사본들과 유럽 각국에서 수입한 주요 서적들이 즐비한 곳이었던 만큼 호머, 아리스토텔레스, 키케로, 세네카, 오비디우스, 퀸틸리아누스, 산 아우구스티누스, 단테, 페트라르카, 보카치오 등과 같은 고전시대 및 동시대의 주요 문인들이 쓴 작품을 쉽게 접할 수 있었을 것이다(Camillo, 1976, 24-25). 14세기에 유명무실해졌던 스페인 살라망

2 우드포드(Woodford, 1950: 98)의 주장에 따르면 해당 일곱 개념은 이슬람교(Menona), 아리우스파(Aryana), 유대교(Juderra), 아비뇽 교황(Alexada), 아랍 칼리프(Celestina), 유대인 집단학살(Asyssina), 종교 사제들의 결혼(Sardanapala)와 같은 스페인 사회에 대한 위협 요소들을 각각 의미한다고 볼 수 있다.

카 대학을 다시 부흥시켜 신학 교육을 실시하고 외국인 교수와 학생을 유치시키는 데 공헌을 한 사람이 바로 이 베네딕트 13세(Rábade Obradó, 1996, 49)였다.

14세기 후반 스페인(카스티야)에서는 국왕 페드로 1세(Pedro I el Cruel)가 그의 이복동생인 엔리케 2세(Enrique II)에게 시해당한 사건 이후 트라스타마라 왕조(Dinastía de Trastámara, 1369-1406)라고 불리는 새로운 왕계가 들어서고 불안한 정국이 지속되었다. 한편 카스티야 왕국 내부적으로 왕실의 비정통성에 대한 회의적인 분위기와 윤리관의 혼란이 본격적으로 문제시 됨에 따라 이러한 침체된 기운을 쇄신하고자 하는 분위기를 타고 14세기 말에 이르러 아비뇽에서 활동하던 스페인 출신의 학자들이 당대 최고의 이탈리아 인문주의자들, 특히 페트라르카(Francesco Petrarca)와 부루니(Leonardo Bruni), 살루타티(Coluccio Salutati, 1331-1406) 등과 같은 문인들의 사상을 카스티야에 소개하게 된다. 대표적인 예로 피렌체 출신인 꼴루끼오 살루타티는 인간의 고유한 자유성을 주장했고 초기 로마의 공화정치와 고전문학 연구에 깊은 관심을 가졌으며 정치와 문학을 조화시킨 새로운 형태의 도덕체계를 추구하였다(Camillo, 1976, 31-32). 이러한 신도덕주의는 기본적으로 페트라르카와 부루니의 이론과도 일맥상통한다고 볼 수 있다. 고전 교육과 자유의지론에 기반을 둔 이들의 사상은 15세기 초 스페인에 유입되고 엔리케 데 비예나(Enrique de Villena), 알론소 데 카르타헤나(Alonso de Cartagena), 후안 데 메나(Juan de Mena), 페레스 데 구스만(Fernán Pérez de Guzmán), 산티야나 후작

(Marqués de Santillana) 등과 같은 주요 시인들에게 많은 영향을 주었다. 하지만 이탈리아의 경우와는 달리 1400년도 초반 스페인에서는 이러한 새로운 인문학적 경향이 사회 전체에 폭넓게 적용되는 교육개혁(즉 studia humanitatis)[3]으로 이어지기보다 소수 상류층의 지적 활동에 정당성을 부여하는 이론적 근거로 사용되었다고 할 수 있다. 즉 앞서 언급한 15세기 카스티야 문필가들은 이탈리아 인문주의 사상을 사회 교화적 목적으로 활용하기보다는 자신의 문체를 개발하여 개인적인 윤리관이나 정치적 입장을 표명하는 데 주로 사용했던 것으로 보인다.[4]

스페인 15세기 인문주의의 발전은 근본적으로 외국 서적의 유입과 번역의 활성화에서 비롯되었다.[5] 13세기 중반에 알폰소 현왕의 명령으로 주요 문헌들을 자국어인 카스티야어로 번역한 이후 15세기에 들어서면서 스콜라식 교육개혁에 힘입어 고전과 주요 외국 서적 번역작업이

3 이탈리아 르네상스기에 발생한 'Studia humanitatis'는 인문주의에 입각한 교육개혁을 의미한다. 이 개념은 전승된 관념들에 대한 반복적인 학습에 얽매이지 않고 개인의 자유로운 자성을 자각하고 느끼도록 유도하여 현상을 스스로 이해하게 만드는 새로운 교육방법을 의미한다.(cf. Camilo, 1976)

4 후안 2세의 요청으로 후안 알폰소 데 바에나가 1430년경에 제작한 《바에나 가요집》(*Cancionero de Baena*)에는 약 50명의 카스티야 작가가 지은 6백여 작품이 수록되어 있다.

5 예를 들어 당시 카스티야 지역의 대표적인 문필가였던 산티야나 후작의 개인 도서관에 소장된 자료목록을 보면 고대 그리스 철학자(San Agustín, San Ambrosio, Aristóteles, Platon)에서 비롯해 라틴시대 문필가(Cicerón, Virgilio, Ovidio, Lucano, Quintiliano, Plinio el viejo, Boecio, Julio Cesar, Tito Livio), 이탈리아와 프랑스 중세 말 작가(Dante, Boccaccio, Petrarca, Guillaume de Lorris, Jean de Mean, Alain Chartier), 스페인 문인(Alfonso el Sabio, Raymond Llull, Juan Fernández de Heredia, Pero López de Ayala, Juan Rodríguez del Padrón)의 이름과 그 작품이 언급된다(cf. Schiff, 1905).

스페인 사회 전체적으로 더욱 활발하게 진행되었던 것으로 판단된다. 특히 단테, 보카치오, 페트라르카가 행한 라틴 고전에 대한 발굴과 아울러 번역을 통한 현재화 작업은 15세기 스페인 지식인들에게 지적 활동의 새로운 돌파구를 마련해 줌과 동시에 참신한 문체들을 학습하기에 이른다. 당시에 엔리케 데 비예나(Rhetorica ad Herennium, Divina Comedia, Eneida), 알론소 데 카르타헤나(De inventione), 산티야나 후작, 후안 데 메나(La Yliada romanceada) 등과 같은 수많은 동시대 작가들이 고전작품들(Homero, Cicerón, Virgilio, Séneca, etc.)에 대한 번역에 직간접적으로 관여하며 새로운 글쓰기를 실험하였다. 정치, 외교, 종교, 학문 등의 다양한 방면에서 시도된 카스티야와 주변 유럽국들과의 접촉은 바로 이러한 서적 수입과 번역 사업을 하기에 용이한 실질적 계기를 마련하였던 것이다. 이후 번역된 고전 혹은 인문주의 서적은 귀족, 사제, 궁중 서기, 필생 등 다양한 종류의 문인들의 손을 거쳐 라틴어나 외국어를 모르는 일반인들에게까지도 보급되기에 이른다. 이러한 사회적 변화는 학문방법상에 있어서도 새로운 체계를 요구하였고 그 결과 관련 지식인들은 수사학 즉 말하는 방법과 아울러 글쓰기 방법에 대한 보다 효율적인 대안을 찾고자 노력하였다. 글쓰기와 직접적으로 연관된 당시의 수사학(retórica)은 예술성보다는 오히려 정치, 민법, 교육, 종교, 윤리와 연계되어 사회적 호소력과 실용성이 강조된 삼학(trivium)의 또 다른 영역인 문법과 논리학에 비해 상대적으로 더 중요한 영역으로 대두되기 시작하였다(Camillo, 1976, 38-39쪽).

한 가지 짚고 넘어가야 할 중요한 점은 대략 1400년 즈음에 생성된 스페인 시 작품들은 비록 인간의 자유와 개성에 그 기반을 두었다고는 하지만 아직 여전히 스콜라적 변증법 체계를 탈피하지 못했으며 글의 궁극적인 목적도 일반적인 도덕교화적 관념에서 완전히 벗어나질 못했던 것이 사실이다. 다만 완전한 자유를 보장받지 못한 이러한 상황 속에서 작가에게는 어휘 선택, 문장 형태, 예문 구성 등에 관련한 시적 자유가 제한적으로 허용될 뿐이었다. 이 시점까지는 아직 그리스 · 라틴 고전과 인문주의 작품에 대한 열정이 앞설 뿐 어떻게 그 묘미를 살려서 카스티야 문학에 적용시킬지에 관해서는 체계적인 대안이 없는 상황이었다. 스페인 문학에 있어서, 적어도 15세기 중반 이후에 들어와서야 비로소 스콜라식 중세문학방법론[6]에서 벗어난 개성이 강한 문체가 큰 인기를 누렸다고 할 수 있다. 이때 미셸 프란시스코 임페리알, 후안 데 메나와 산티야나 후작, 후안 델 엔시나 등과 같은 문인들은 모두 이러한 문학적 전환기를 대표함과 동시에 전통적인 중세 알레고리 기법을 동시대 역사적 현실을 비평적으로 묘사할 수 있는 유연하고 창의적인 문체로

---

6 스페인 중세 스콜라식 문학방법론은 교육적 효과를 높이기 위해 시 작품의 전체 구도를 재편집하거나 몇 가지 논지 전개 단위를 설정하여 서술하는 경향을 보여 준다. 구체적으로 '서문'(prólogo), '문맥'(argumento), '비교'(comparaciones), '원인'(causas), '근거'(pruebas), '적용'(continuaciones), '결론'(fin혹은 cabo) 등과 같은 서술 단위의 세분화 과정은 결과적으로 스콜라적 표현체계의 영향을 받았음을 의미한다(cf. Camillo, 1976, 95쪽). 이러한 개념들을 토대로 구성된 스콜라적 변증법의 흔적은 카스티야 15세기 서사작품에서 폭넓게 찾아볼 수 있다(i.e. *Los doze trabajos de Hércules* de *Enrique de Villena, El planto de las virtudes e poesia por el magnifico señor don Iñigo Lopez de Mendoça* de Gómez Manrique, etc.).

발전시킨 스페인 15세기의 핵심적인 작가라고 할 수 있다.

3. 15세기 알레고리 픽션

14세기 중반을 넘어 기록된 스페인 알레고리 픽션에서는 그 고유의 추상성에다 현실적인 표현들이 더해져 현실과 비현실이 공존하는 문체적 경향이 과거에 비해 현저히 두드러진다. 특히 작품에 등장하는 인물들의 유형이 의인화된 개념이나 신화적 인물 이외에도 역사적 유명 인물과 아울러 동시대 사람이나 계층이 복합적으로 구성되는 경우가 꾸준히 발견될 뿐만 아니라 작가를 둘러싼 역사적 실제 상황에 대한 직접적인 언급도 자주 눈에 띈다. 더욱이 1400년 후반 이후 스페인 알레고리 문학은 그 이전과는 달리 거의 대부분의 서술 형태가 일인칭 자전적 화자의 어투로 이루어져 작가와 서술자 간의 간극이 좁아지고 문체가 개인화되는 경향이 증강된다.

예를 들어 이러한 현실적 요소와 비현실적 요소를 동시에 담아내고 있는 새로운 알레고리 문체는 산티야나 후작(Marqués de Santillana)이나 후안 데 메나(Juan de Mena)가 기록한 서사작품에서 더욱 선명하게 나타난다. 구체적으로 1435년에 스페인의 아라곤 왕국이 제네바 왕국의 함대와 벌인 해전에서 대패한 비극적 사건을 배경으로 산티야나 후작이 기록한 《폰사의 희극》(*Comedieta de Ponza*)에서 아라곤 왕국의 모후인 돈냐 레오노르는 볼모로 잡혀간 자신의 첫째 아들인 알폰소 왕을 르네상스 작가이자 작중인물인 보카치오에게 다음과 같이 소개한다.

> 어리석은 탐욕과는 정반대편에 서 있는
> 첫째 아들을 어떻게 소개하면 될까요?
> 그는 왕인 동시에 기사로도 불리며
> 전투와 군대에서 샛별과 같은 존재입니다.
> 그에게는 충의와 절제와 정의
> 그리고 큰 강의가 동시에 존재하지요.
> 시치아의 여신들이 디아나와 함께 하듯이
> 다른 선덕들(믿음, 소망, 사랑)이 그를 존경한답니다.
> (ed. Gómez Moreno y Kerkhof, 1988, 172-173쪽)

산티야나 후작과 동시대 인물이자 절친한 관계를 유지했으며 당시 카스티야의 왕 후안 2세(Juan II de Castilla)의 왕실 서기였던 후안 데 메나는 장편의 알레고리 픽션인 《운명의 미로》(*Laberinto de Fortuna*, 1444)를 기록하여 당시 스페인의 정치 및 사회문제를 진단하였다. 단테의 《신곡》 세 번째 부분에 해당하는 〈천국〉편의 형식구조를 모방한 것으로 보이는 이 서사작품에서 작가는 당시 스페인 사회에서 직접 관찰한 도덕적 혹은 비도덕적 세태에 관하여 일인칭 자전적 화자의 어투로 비평적 관점에서 서술하였다. 예를 들어 '운명의 신'의 집 내부의 장소인 '목성천'에서 일인칭 자전적 화자인 주인공은 보석 목걸이 선물에 눈이 어두워 남편을 전장에 내보낸 그리스 신화 속의 인물인 에필리오를 목격하게 되는 한편 아래 예문에서 보듯이 당시 스페인 사회의 부조리한 면을 에필리오의 분신들로 가득 찬 장소라고 부르며 강한 어조로 비판한다.

> 거기 있었구나, 에필리오, 수치스러운 여자여.
> 예쁘장한 목걸이에 판단력을 상실하여
> 너의 착한 남편의 목숨을 팔았구나.
> 더 이상 바랄 것이 없는 과부가 되길 원했겠지.
> 아, 우리의 시대, 병든 세대여, 너를
> 바라보는 자들은, 그토록 작은 것에 이끌려
> 남편을 팔아넘기기를 원하는
> 또 다른 에필리오들[7]을 발견한다.
> (ed. Pérez Priego, 1989, 106쪽)

시인이자 음악가였던 후안 델 엔시나는 자신이 자전적 화자이자 주인공으로 등장하는 알레고리 픽션 《명성의 승리》(1492)에서 그라나다를 점령하여 아랍 세력을 이베리아 반도에서 몰아낸 기독교 공동왕의 위업을 찬양한다. 본 픽션의 구도는 거시적으로 두 부분 즉, 일인칭 화자가 명성의 집이 있는 카스탈리아 샘을 찾아 여행을 하는 내용의 앞부분(1-264행)과 화자가 기독교 공동왕에게 직접적으로 말하는 식의 어투로 바꾸어 그 위업을 찬양하고 미래의 정치적 승리를 염원하는 뒷부분(265-400행)으로 이루어진다. 이 작품에서 목적을 달성하도록 도움을 주는 안내자가 바로 후안 데 메나라는 사실을 고려할 때 궁극적으로 이

7 후안 데 메나가 작품에서 말하는 "에필리오들"은 당시 이베리아 반도에서 아랍 세력을 상대로 국토회복전쟁(Reconquista)이 한창이던 상황에서 개인의 출세에 열을 올리던 스페인의 일부 상류계층을 암시한다.(cf. Pérez Priego, 1978)

알레고리 픽션은 카스티야 왕실의 위대함을 알리고자 하는 작가의 정치적 성향을 표현하고 있다고 볼 수 있다. 작품의 마지막 구절에서 화자는 예언자적 어조로 두 공동왕의 성공적인 미래를 기원함과 동시에 이러한 역사적인 축언을 담당한 자신의 정치적 역할을 간접적으로 암시한다.

> 이후 이 여행의 끝자락에 서서
> 나는 우리의 승리에 대한 이야기보다
> 더 중요한 역사의 부분을 찾을 수 없었다.
> 페르난도 왕과 이사벨 여왕은 승리를 할 것이다.
> (ed. Rambaldo, 1978, 2권 xi쪽)

스페인의 15세기 알레고리 픽션은 이베리아 반도 자체적인 문학 전통의 토대 위에 프랑스 남부에서 발전한 트로바도르 문학과 이탈리아의 초기 르네상스 시인들의 문체를 수용함으로써 큰 발전을 이룰 수 있었다. 특히 8음절 혹은 12음절에 기반을 둔 새로운 정형률의 적용, 트로바도르들의 체계화된 시작법 도입, 라틴 고전문학과 이탈리아 초기 르네상스 문학에서 배워 온 다양한 신조어 사용, 작가를 대변하는 일인칭 자전적 화자의 개입, 추상적인 알레고리 표현을 통한 작가 개인의 문제의식 표현, 다양한 상징체계 도입 등은 당시 스페인 알레고리 작품에서 공통적으로 발견할 수 있는 요소들이다. 이러한 특징들뿐만 아니라 알레고리적 표현 속에서 동시대 인물들에 대한 묘사와 비평이 첨가되었다는 점은 15세기 스페인 문학이 중세의 방법적 틀을 탈피하기 시작했다는 사실을 의미한다. 이러한 알레고리 문체의 발전은 '15세기 서구의 알레고리는 선험적 표현체계로 현실을 묘사하는 기술이다'라고 말한 딩코 키타노빅(Dinko Quitanovic, 1973, 46쪽)의 해석을 통하여 설명할 수 있다고 본다.

산티야나 후작이 포르투갈의 사령관(Condestable de Portugal)에게 보내기 위해 1445년에 작성한 편지글(*Prohemio e carta*)에서 우리는 스페인 문학 전반에 대한 작자의 생각과 아울러 당시에 유행하였던 알레고리를 포함한 시 문학 전반에 대한 개념 풀이를 찾아볼 수 있다.[8] 산티야나 후작의 시론은, 표현상에 있어 다소 완곡하게 표현하는 면이 없지 않지만 시가 현실의 어떤 중요한 내용을 표현하기 위한 예술적 수단이라는 점에서 앞서 언급한 15세기 알레고리의 개념과 동질적인 가치를 갖는다고 볼 수 있다.

> 시는 어떤 유용한 내용을 담아낸 일종의 속임(픽션)이다. 여기서 내용은 아름다운 외관으로 포장되거나 감춰져 있으며 또한 그 외관은 어떤 이야기, 중량감, 음악성으로 인해 훌륭하게 장식된다.(*Prohemio e carta*, 1990, 52쪽)

이 맥락에서 언급되는 시는 단순한 형식의 차원을 넘어서 중세 당시에 유행하던 최고의 글쓰기를 위미한다. 이 글쓰기 방식은 표현의 엄밀성과 현학성을 기반으로 형성되는데 그 저변에는 고상한 어휘의 조합,

---

8 이 문맥에서 산티야나 후작이 언급한 시 문학의 범주에는 당시 정형률을 토대로 형성된 알레고리 픽션이 포함된다.

정형률의 사용, 고전 수사학의 응용, 다양한 층위의 인물 구성, 단테와 페트라르카와 같은 주요 시인들에 대한 모방, 암호화된 상징체계의 빈번한 사용 등과 같은 요소들이 관찰된다.

4. 주요 알레고리 작품

본 연구를 위한 구체적인 분석 대상을 아래와 같이 선별하였다. 이 중에는 중세 스페인어로 기록된 주요 알레고리 픽션인 동시에 작자미상인 경우가 상당수 포함되며, 그 작성 시기도 정확치 않아 대부분 해당 텍스트에 대한 문헌학적 혹은 역사언어학적 분석을 토대로 유추한 경우에 해당한다.

● **12세기 작품**

《영혼과 육체의 논쟁》(*Disputa del alma y el cuerpo*)

● **13세기 작품**

《사랑의 논증, 그리고 물과 술의 논쟁》(*Razón de amor con los denuestros del agua y el vino*)

《엘레나와 마리아》(*Elena y María*)

● **14세기 작품**

《사육제와 사순절의 논쟁》(*Debate entre Don Carnal y Doña Cuaresma*, Juan Ruiz, 1330)

《육체와 영혼의 대결》(*Disputa del cuerpo e del ánima*, 1382)

● 15세기 작품

《사랑에 반감을 갖고 마시아스가 지은 가요》(*Esta cantiga fizo Maçías contra el Amor,* Macías el Enamorado)

《카스티야의 후안 2세의 탄생에 바치는 글》(*Decir al nacimiento de Juan II de Castilla,* Micer Francisco Imperial, 1405)

《카스티야 군사총수에게 보내는 비야산디노의 글》(*Decir de Villasandino al condestable de Castilla,* Alfonso Álvarez de Villasandino, 1406)

《고통과 노화, 추방, 가난 사이의 논쟁》(*Proceso que ovieron en uno la Dolencia e la Vejez e el Destierro e la Pobreza,* Ruy Páez de Ribera, 1408)

《오만과 신중의 논쟁》(*Proçesso entre la Soberbia y la Mesura,* Ruy Pérez de Ribera, 1408)

《일곱 선덕에 바치는 글》(*Decir a las siete virtudes,* Micer Francisco Imperial, 1409)

《질문》(*Pregunta,* Fernán Sánchez Calavera)

《세 가지 색상 사이의 대화》(*Reqüesta de los tres colores,* Pedro González de Uceda)

《꿈》(*El sueño,* Santillana)

《마르가리타 여왕에게 바치는 애가》(*Planto de la reina doña Margarida,* Marqués de Santillana, 1430)

《엔리케 데 비예나에게 바치는 애가》(*Defunsión de don Enrique de Villena,* Marqués de Santillana, 1434)

《폰사의 희극》(*Comedieta de Ponza,* Marqués de Santillana, 1436)

《운명의 미로》(*Laberinto de Fortuna,* Juan de Mena, 1444)

《이성과 감정의 논쟁》(*Disputa entre la Razón y la Pasión,* Alfonso Enríquez)

《사유의 정원》(*El vergel de pensamiento,* 15세기 중반)

《사랑들의 전쟁》(*Batalla de amores,* Gómez Manrique)

《사랑과 노인의 대화》(*Diálogo entre el Amor y un viejo,* Rodrigo Cota, 1465-1485)

《육체와 정신의 대화》(*Tractado del cuerpo e de la ánima,* 1489)

《사랑과 노인과 아름다운 여인의 대화》(*Diálogo entre el Amor, un viejo y la hermosa*, 1480-1500)

《명성의 승리》(*Triunfo de Fama*, Juan del Encina, 1492)

제2장

사랑의 해석론: 정신과 육체의 주도권 다툼

스페인을 포함한 서구의 고전문학에서 광범위하게 나타나는 궁정식 사랑(El amor cortés)은 표면적인 내용 그 자체로 이해하기보다 작가가 직관하는 다난한 현실을 묘소하기 위한 일종의 심미적 표현 체계이자 동시에 윤리적 메시지를 담아내는 문학 장르라고 볼 수 있다. 이는 그 내용이 남녀지사와 연관됨에도 불구하고 많은 경우에 남녀의 연애와는 하등의 관계가 없는 작가 개인의 정체성 문제나 사상적 논리의 문제 혹은 복잡한 정치적 현실 등에 관련된 다양한 내용을 묘사하기 위한 문학적 보편언어로서 자리매김해 온 것이 사실이다.

내용뿐만 아니라 형식의 관점에서도 스페인 중세 알레고리 작품에서 거론되는 사랑은 사랑의 법칙(Leyes de amor)이라는 일종의 현학적 코드를 동반한다. 이는 사랑과 관련된 주요 내용을 일반 구어체와는 거리가 먼 엄격하고 난해한 정형률을 지닌 시 언어로 표현함으로써 스페인 중세 미학이 궁극적으로 선호하는 숭고한 가치와 그 설득력을 극대화할 수 있다고 믿는 경향과 연관된다. 이 과정에서 자주 사용되는 암호화된 표현들이나 기존 수사학적 체계를 통한 상징이나 비유는 글의 품격을 더 높이는 주요 수단으로 인식되었던 것으로 보인다.

이와 같이 일반인들이 이해하기 쉽지 않은 현학적인 글에 높은 가치를 부여했다는 사실은 스페인 중세 당시의 문학이 문헌과는 거리를 두고 살아가던 대부분의 일반 사회계층과는 별 상관이 없으며 글을 읽을 수 있는 식자층과 직접적으로 관련된 분야였다는 점을 상기시켜 준다. 예를 들어 스페인 15세기 최고의 알레고리 서사문학 작품이라고 할 수 있는 《폰사의 희극》이나 《운명의 미로》는 고도로 상징화된 추상성과 난해한 암호체계로 말미암아 특정 교육을 받지 않은 사람들에게는 기본적인 해석조차도 쉽지 않은 수준의 현학성을 보여 준다.

궁정식 사랑을 표현의 코드로 삼은 스페인 중세 알레고리 작품들은 일반적으로 의인화된 몇 가지 개념들이 벌이는 대화, 논쟁, 결투, 전쟁 등의 변증법적 담론화 과정을 통하여 작가 내면의 어떤 주요 문제의식이나 사상을 표현하려는 패턴을 갖는다.

1. 《영혼과 육체의 논쟁》(12-13세기)

의인화된 영혼과 육체가 각자의 정당성을 주장하며 대결을 벌이는 가운데 작가의 의중이 변증법적 전개구도를 통해 표현되는 알레고리 픽션은 스페인 중세 서사문학의 한 전형적인 표현 방법이라고 할 수 있다.

작자미상의 이 알레고리 작품은 비록 일부 소실된 불완전한 판본을 기준으로 볼 때 12-13세기에 이미 스페인 내부에 존재했었던 것으로 보인다. 보다 완전한 형태에 가까운 판본은 현재 파리국립도서관에 소장되어 있는 14세기 판본이다. 인간의 죽음에 대한 책임소재를 놓고 영혼과 육체가 서로의 탓으로 돌리며 공방을 벌인다는 내용으로 구성된 이 작품은 마지막 부분에 가서 악마가 영혼을 지옥으로 데리고 간다는 다소 비관적인 내용으로 결론을 내린다. 의인화된 개념들 사이에 극렬한 논쟁이 지속되는 동안 작가 개인의 사상이나 문제의식이 추상적 차원에서 표현된다. 이러한 소규모 작품에서는 어떤 구체적인 역사적 인물이나 현상이 직접적으로 거론되지 않는 것이 일반적 패턴이다.

이 작품에는 알레고리 구조 이외에도 기독교적 금욕주의, 이성보다 육체적 본능을 중시하는 경향, 세상에 대한 환멸을 묘사하는 전통 토픽들(contemptus mundi, Ubi sunt? 등), 현실과 비현실 간의 경계로서의 꿈, 일반 대중을 의식한 소리꾼의 말투, 전통적 상징들 등 다양한 문학적 요소들이 관찰된다.

제가 말하려는 것을 여러분들이 들어 보시겠다면
본 것을 하나도 빼지 않고 말씀드리겠소이다.
지난번 토요일이 지나 일요일 아침이 밝아올 때
전 놀라운 광경을 꿈에서 보았답니다.
한 죽은 사람의 시신을 보았는데
그는 새 이불 위에 놓여 있었지요.
몸체로부터 영혼이 이탈해 슬프게 울고 있었습니다.
영혼은 옷을 입지 않고 벌거벗은 채

어린애같이 엉엉 울고 있었지요.
그는 큰 소리로 통곡을 하였고
육체를 향해 이렇게 외쳤답니다.
"너의 잘못으로 내가 비판을 받는구나.
평생 내게 나쁜 말을 듣게 될 거야.
너 때문에 내가 죗값을 치르게 되었어.
칭찬할 만한 어떤 일도 넌 한 적 없지.
밤이건 낮이건 내가 원하는 것을 준 적은 없었어.
넌 성전에 가서 제단에 헌납을 한 적도 없지.
(ed. Alvar, 1991, 135쪽)

삼인칭 시점의 화자가 간략한 배경 설정과 아울러 의인화된 개념들 간의 대화 묘사로 시작되는 이 작품의 초입 부분은 14세기 중반 이전에 주로 유행하던 전형적인 스페인 알레고리 작품의 형태라고 볼 수 있다. 다만 이 작품은 관중에 둘러싸인 소리꾼의 어투로 투사되고 있다는 점이 개별적 특성이라고 할 수 있다.

2.《사랑의 논증, 그리고 물과 술의 논쟁》(13세기)

이 알레고리 논쟁은 궁정식 사랑을 주제로 하는 시 작품으로 인간의 감정과 이성의 두 영역을 두고 어느 쪽이 더 중요한가라는 문제의식을 저변으로 하는 전통 토픽을 기본 틀로 삼았다. 거시적으로 작품 내용은 다음과 같은 두 부분으로 분리된다. 전반부는 두 남녀의 만남에 대한 이야기이며, 후반부에는 물(Agua)과 포도주(Vino)가 대화를 벌이는 변증법적 논쟁으로 구성된다. 특히 이 두 의인화된 개념은 이성적 사랑(el amor puro)과 감성적 사랑(el amor sensual)에 대한 상징으로 그들 중 인간의 삶을 위해 어느 것이 더 중요한가에 대한 격론을 벌인다. 비록 종국에 가서 누가 승자인지 표현되지 않은 채 작품이 끝나지만 그 전개과정에서 양측의 첨예한 변론과정이 치열하면서도 동시에 유머러스하게 잘 표현된다.

사월의 하루, 점심을 먹고 나서
올리브 밭 그늘에서 쉬고 있었지요.
사과나무 가지 사이에 놓인
은으로 된 잔을 나는 보았습니다.
거기에는 붉고 부드럽고,
맑은 포도주가 담겨 있었지요.
태양 볕이 데우지 않도록
조심스럽게 덮여 있었습니다.
그렇게 정리한 여성이 있었는데
그녀는 과수원의 주인이었지요.
지금 기다리고 있는 남자친구가 오면
그녀는 그 포도주를 주려고 하였지요.
매일 오전 중 식사할 무렵에
그 포도주를 들이켠다면
절대 아프지 않을 거예요.
사과나무 위에

또 다른 잔이 있는 것을 보았습니다.
거기엔 과수원에서 솟아나는
차가운 물이 가득 담겨 있었지요.
그런 물을 마시면 좋으련만
왠지 무서워졌습니다.
들판에 몸을 눕히고
낮잠을 자기에 좋았지요.
너무 더위를 타지 않기 위해
옷을 벗어 던졌습니다.
그리고 항상 솟는 샘물에 다가가
누구도 그러한 것을 본 적 없는
그 자체로 아름다운 광경을 보았지요.
(ed. Alvar, 1991, 11-39행)

일인칭 화자는 자신이 천국과 같은 아름다운 샘물가에 있다는 사실을 알아채고 매우 경이롭게 생각하며 주변의 많은 꽃과 우거진 산림을 감상한다. 그러던 중 어떤 금발의 아름다운 여성을 만나게 되며 사랑스러운 그녀의 모습에 반해 주저하다가 마침내 용기를 내어 대화를 시작하여 마음속에 그리던 사랑임을 확인하게 된다. 하지만 짧은 만남 후 이내 헤어지게 되고 크나큰 아쉬움을 느낀다. 낙심에 빠진 채 잠에 들었을 때 주인공은 꿈속에서 하얀 비둘기를 목격한다. 다리에 방울을 단 이 비둘기는 우물가에 와서 물을 마신 후 급히 떠나면서 포도주 잔에 물을 쏟게 되는데, 화자는 이러한 새로운 상황에서 벌어진 물과 포도주 간의 헤게모니 논쟁을 아래와 같이 묘사한다.

포도주가 먼저 말했습니다.
"좋지 않은 친구가 내게로 오는군!
물아, 너는 나쁜 마음을 가졌어.
너와 같이 있고 싶지 않아.
맛 좋은 포도주와 함께 있다가 섞게 되면
넌 포도주를 약하고 병들게 만들지."
"포도주야, 생각하는 대로 말해 봐,
네가 찬양하고 싶은 것이 도대체
어떤 관점에서 좋다고 말할 수 있지?
그럼에도 불구하고 내게 대들어?
입이나 다물게, 서로 험담할 필요가 없잖아.
너의 음흉한 속셈을 난 잘 알고 있어.
네가 머리에 들어와 전해 준
충고를 잘 기억하고 있단 말이야.
착한 사람들은 널 좋게 생각하지 않아.
넌 똑똑한 사람들을 정신없게 만들기 때문이지.
너로 인하여 힘이 빠져 아무리 정신을
차리려 해도 현명함과 충실함을
잃어버리지 않은 사람이 없다지."
(*Ibid.*, 165-182행)

물과 포도주 간의 치열한 공방전은 서구의 오랜 사상사에서 찾아볼 수 있는 이성과 감성 간의 우열 다툼을 다룬 전통 토픽을 담아내고 있으며 간접적으로는 운명예정론과 자유의지 간의 종교적인 변증법적 체계와도 관계가 깊다고 본다. 한편 풀리기 쉽지 않은 명제를 14세기 스페인 민중들의 언어와 정서에 맞도록 재미있는 소리꾼의 어투로 새롭게 각색했다는 점에 이 작품의 역사적 의의를 둘 수 있다고 본다.

3. 《사육제와 사순절의 논쟁》(1330)

후안 루이스(Juan Ruiz)가 기록한 14음절 시 형식의 서사문학(Mester de clerecía)으로 분류되는 《좋은 사랑에 대한 이야기》(Libro de buen amor, 1330)의 내부 에피소드들 중 가장 규모가 큰 '사육제와 사순절의 전쟁'("Batalla de don Carnal y doña Cuaresma")은 전형적인 알레고리 픽션 장르의 형태를 갖추고 있다. 여기서 사육제와 사순절은 육체적 사랑(Amor carnal)과 정신적 사랑(Amor de Dios)에 대한 상징들이며, 이들은 작품 속에서 개인 병력을 이끌며 장시간 동안 큰 전쟁을 벌이게 된다. 전투의 마지막 날인 일요일에 육체적 사랑이 작중인물인 사랑(Don Amor)의 도움을 받아 정신적 사랑을 굴복시키고 전쟁에서 승리를 한다. 작품의 서문과 그 전반에서 강조되는 감각적 사랑의 중요성을 고려할 때 후안 루이스의 연애론은 육체적 본능에 대한 타당성을 이성적인 것 이상으로 부각시키고자 했던 것으로 판단된다.

작품에서 돈 아모르(사랑)와 돈 카르날(육체)이 만나는 장면에 대한 묘사는 14세기 중반 이전의 여타 스페인 알레고리 논쟁 작품들에 비해 매우 섬세한 수준이며 특히 그 배경 묘사가 새로운 스페인 서사문학의 장을 열었다 할 만큼 다채롭고 세련되었다고 할 수 있다.

사월에 가까운 영광의 토요일이었다.
해가 솟아 세상을 비추고 있었다.
땅에는 큰 소음이 울렸고
두 제왕이 지상에 내려왔다.

이 두 황제는 아모르와 카르날이었다.
그들을 기다리던 많은 이들이 나와서 영접한다.
새들이 지저귀고 나무들이 화려함을 더한다.
아모르를 섬기는 이들은 더 적극적으로 나선다.

모든 백정들은 카르날을 환대하고
모든 이교도 교주들은 연장을 들고 나온다.
내장 장수들은 탬버린을 흔들며 나오고
많은 또 다른 이들로 가득하다.

목동은 길에서 비켜나와 그를 환영하고
피리를 불며 기다린다.
대장 목동이 빵을 만드는 나무판자를 두드릴 때
그의 아들은 사탕수수로 만든 풀피리를 불어 댄다.

항구 쪽으로 어떤 붉은 신호가 보인다.
중간에 누군가 나타났는데 양처럼 보이며
그 주변에 많은 양들이 울고 있다.
짧은 털의 양과 염소가 있다.

용감한 염소들과 많은 암소와 수소들,
그라나다의 아랍족처럼 걸어오고 있으며

거무칙칙한 갈색의 들소들도 보인다.
다리오가 그의 모든 보물로도 살 수 없을 것이다.

돈 카르날이 아주 값비싼 수레를 타고 왔고
생가죽과 가공된 가죽으로 싸여 있었다.
그 위대한 황제는 소매를 걷어 올리고
허리띠를 맨 치마로 잘 갖춰 입고 있었다.

그의 손에는 모든 동물을 죽음으로 데리고 갈
아주 강한 도끼가 들려 있었고
공격하는 동물들의 목을 베고
가죽을 벗길 아주 예리한 칼이 있었다.

그의 몸 둘레를 감싼 허리띠에는
흰 무릎이 보였고 붉은 피가 묻어 있었다.
살찐 염소에 그는 조잡한 그림을 그리고
이에 두 배 다섯 배 큰 소리를 질러대었다.

머리카락이 새지 않는 좋은 모자를 머리에 쓰고
그는 희고 긴 의상을 입고 있었다.
그의 마차에는 그와 동행하는 사람이 없이
사냥개는 나중에 나타난 토끼를 쫓아낸다.

그는 주위에 많은 매스종 개를 거느리며
목동과 산에 사는 개와 또 다른 여러 개들,
빵을 잘 먹는 스패니얼종의 개들
밤중에 돌아다니며 토끼를 덮치는 개들을 데려온다.

암소들을 묶는 줄들,
식칼들과 도마들, 큰 판자들과 식탁들,
내장 장사꾼들을 위한 구유와 빵 반죽 상자,
쇠사슬에 묶인 임신한 개들.

카스티야의 양떼들과 소리아의 목동들은
그들의 마을에 그를 영접하고 위대한 사건으로 칭송한다.
종을 울리고 영광을 표현하며
땅에 그런 영광이 또다시 없다는 듯이 행동한다.

황제는 그의 푸줏간에 숙소를 정했다.
마을 사람들과 관리들이 그에게 굴종하기 위해 왔다.
그는 큰 자만과 기백을 가지고 말했고,
기사들은 기사도를 따르기 시작했다.

살인하고 교수형을 시키고 동물들의 가죽을 벗기며
카스티야 사람이든 영국 사람이든 누구든지 오면
모두 그에게 엽전과 지폐를 주며
지난날 잃었던 것들을 보상으로 얻는다.
(ed. Blecua, 1983, 301-305쪽)

감성적 사랑의 우두머리 격인 돈 아모르와 그를 맹종하는 돈 카르날의 만남을 다룬 이 작품은 단순한 형이상학적 윤리 관념을 다룬 얘기가 아니라 14세기 스페인 사회의 정치적 무질서와 비윤리적 사회상을 다룬 것으로 보인다. 특히 돈 카르날이 수레를 타고 등장하는 상황에서 시각화된 다양한 상징적 인물들 즉 백정과 내장 장수, 다양한 동물들, 당시 기사들 등에 대한 장황한 묘사들은 당시 스페인 사회의 부도덕한 관리나 귀족들을 비롯한 다양한 계층들 대한 작가의 비평적 묘사일 가능성이 높다. 비록 이 작품의 작가인 후안 루이스가 당시 가톨릭 사제였던 만큼 구체적인 인명이나 개념을 거론하기에는 한계가 있었던 것으로 보이지만 적어도 어떤 사회적 결함을 극복하고자 하는 작가의 주관적인 정치 · 윤리적 시각이 새로운 14세기 알레고리 표현체계를 통하여 투영되고 있다는 사실을 관찰할 수 있다.

4.《육체와 영혼의 대결》(1382)

이 작품은, 인간의 죽음에 대한 책임을 놓고 두 의인화된 개체가 공방전을 벌인다는 점과 그 과정에서 사용되는 언어적 표현이 매우 흡사하다는 점에서 이 책의 앞부분에서 분석된《영혼과 육체의 논쟁》(12-13세기)의 기본적인 이야기 구도와 거의 동일하다. 따라서 이 12-13세기 작품에 대한 14세기 판본 혹은 어떤 소실된 고본에 대한 14세기 전사본일 가능성을 생각해 볼 수 있다.

총 70연의 규모를 지닌 이 서사작품의 초입 부분은 이야기 전체의 시공간적 배경 설정을 위한 서술로 그리고 그 나머지 부분은 의인화된 두 관념인 영혼과 육체의 대화로 구성된다. 일반 청중들을 대상으로 한 소리꾼의 어투로 구술되는 이 작품은 화자가 과거에 겪은 일종의 모험

담이자 동시에 두 의인화 간의 역동적인 대화를 생생하게 살린 극적인 대본으로서의 양면성을 띤다. 아쉽게도 마지막 부분이 소실되어 결론을 명확히 알 수는 없지만 적어도 두 의인화들 간의 변증법적 대화 과정을 살펴봄으로써 당시의 일반적인 윤리관념을 유추해 볼 수는 있다고 본다.

> 락로즈가 가득한 깊고 어둡고 외진
> 골짜기에서 걸어가는 나를 꿈에서 보았지요.
> 나갈 문을 찾았지만 찾을 수 없었소.
> 목숨이 다한 주검을 밟게 되었소.
> 악취가 풍기는 가운데 주검은 부어올랐으며
> 두 눈은 튀어 나온 채 얼굴은 그을려 있었고
> 입이 열려 수염 난 턱이 툭 쳐져
> 그 속에 수많은 구더기가 우글거리고 있었소.
>
> 겨우 용기를 내어 그 시체를 쳐다보았을 때
> 찌르는 듯이 날카로운 어떤 비명소리를 들었소.
> 누군지 보기 위해 내 눈을 치켜세웠을 때
> 하얀 색의 새 한 마리를 보았소.
> 그 새는 주검을 향해 말했지요. "파렴치한 배신자,
> 네가 저지른 악행 때문에 너는 처벌받을 것이다.
> 너의 허세와 광기로 인해 지옥에서
> 언제나 고통스럽게 살게 되지."
>
> [⋯]

그때 시체가 움직임을 보였지요.
머리를 일으켜 세우고 입을 열었소.
그러고 말하길 "마님, 이유도 없이
왜 나를 책망하려고 하시오?
내가 말하고 행한 일을 마음대로 말하는구료.
내 능력이 얼마나 되는지 따져 보시오.
나는 내 살을 파먹는 벌레들을
치울 수조차도 없을 지경이오.

당신은 나의 마님이고 나는 당신의 종이오.
내 두 손과 두 다리는 당신의 뜻에 순종했지요.
당신이 시키는 대로 나는 걸어갔다오.
나는 집이었고 당신은 집주인이었지요.
그런데도 왜 실수와 잘못을 내 몫으로 돌리나요?
만약 내가 무슨 욕심을 부렸다면
그것은 당신의 권능으로부터 부여받은 것이지요.
왜 내 마음대로 하도록 나를 내버려 두셨나요?"
(ed. Alvar, 1991, 137-142쪽)

하얀 새와 주검은 각각 영혼과 육체를 의미하는 상징이고 이들 사이에서 벌어지는 논쟁은 알레고리 체계를 통해 투사된 작가 개인의 내면적 갈등이나 어떤 문제의식이라고 할 수 있다. 비록 죽음에 대한 책임을 놓고 영혼과 육체 간에 벌이는 논쟁이라는 전형적인 주제를 다루긴 하지만 그 전개방식이 스페인 일반 민중의 언어와 정서를 그대로 반영하고 있다는 점에서 역사적 의의가 깊다.

14세기 중반 이전에 생성된 스페인 중세 알레고리 작품에서는 이야기 내부의 역동적인 서사구도의 존재와 관계없이 추상적 성향이 강한 것이 일반적이다. 한편 그 작품의 규모가 크지 않은 상황에서 표현적 추상성이 지나치다 보면 역사적 현실과 관련된 심층적 부분에 대한 구체적인 이해에 제동이 걸릴 때가 자주 발생한다. 당시 문학에 대한 이해도가 높지 않은 일반 독자들에게 이러한 알레고리 작품에 담긴 현실적 의미를 이해하도록 강요한다는 것은 모순이라고 볼 수 있다. 하지만 그렇다고 알레고리에 숨어 있는 역사적 사실성에 대한 가능성을 부정해서는 안 된다고 본다. 대부분의 경우에 알레고리 작품은 비현실과 현실의 두 층위 즉 표면적 의미와 심층적 의미를 잇는 연결고리의 역할을 함과 동시에 각 층위별로 볼 때도 각각 나름대로의 재미와 예술적 가치를 갖고 있는 것이 사실이다.

또 다른 예로 서정적 색채가 짙은 알레고리 시인 마시아스(Macías el Enamorado)의 작품(《바에나 가요집》 308번)을 보면 개념들의 의인화와 그들 간의 대화 구성을 통하여 당시 위기에 처해 다급했던 카스티야의 정치적 현실을 상당 부분 유추해 낼 수 있다. 비록 이 시 작품은 강한 서정성으로 말미암아 서사문학과 서정문학의 중간 지점에 위치한다는 점이 있긴 하지만 적어도 전통적인 알레고리 문체가 작가가 고심하던 현실적인 문제들을 어떻게 독자들에게 표현할 수 있는지 잘 보여 준다. 이 작품에서 작가인 마시아스는 일인칭 화자의 직접적인 어조로 당시 카스티야의 왕이었던 페드로 1세가 성품이 잔인하여 진정한 국왕이 되기에 부족한 인품을 지녔다는 점을 들어 자신의 저항성을 표현하였다. 이 시 작품은 동시대 작가였던 산티야나 후작이 기록한 스페인 중세 최초의 시론(*Proemio e Carta*, 1445)과 그의 알레고리 시 작품인 《사랑의 애가》(*Querella de amor*)에서 인용된 역사적 의미가 적지 않은 작품이다.

5. 《사랑에 반감을 갖고 마시아스가 지은 가요》[9]

13세기 이후 이베리아 반도의 기독교 지역 문학을 지배한 갈리시아·포르투갈 시 전통의 마지막 세대에 속하는 시인 마시아스(Macías el Enamorado)는 당시 카스티야 왕인 페드로 1세(재위 1350-1369)의 포악성과 비윤리성을 궁정식 사랑의 코드로 표현하였다. 이 시 작품에서 사랑은 추상적 개념이 아닌 페드로 왕을 뜻한다. 이러한 중세 궁정식 사랑의 표현이 역사적 요소들과 결합하여 그 사실성을 독자들이 유추할 수 있도록 표출하는 경향은 1430년경에 제작된 《바에나 가요집》에 잘 나타나듯이 14세기 후반 이후에 점진적으로 발전하며 1400년을 넘어서며 빈도수가 더 강화된다.

---

9 후안 알폰소 데 바에나가 자신의 《가요집》(1430년경)에 기록된 이 작품의 제목은 원제목이 아니라 가독성을 높이기 위한 표의상의 제목(rúbrica)이라 할 수 있다. 제목을 번역하면 '사랑(Amor)을 적대시하여 마시아스가 지었다고는 하지만 어떤 트로바도르들은 당시 포악한 왕으로 악명이 높았던 돈 페드로 왕(Don Pedro, 재위 1350-1369)에 대한 반감을 표현하기 위해 지은 시'("Esta cantiga fizo Maçías contra el Amor, empero algunos trabadores dizen que la fizo contra el Rey don Pedro")이다.

왕 중의 왕이며
황제의 관을 쓴 그대여,
그대의 법이 지난 곳을 휩쓸고
모두가 그대를 무서워하는
그런 왕에 불과하며
정의를 모른 척하는구려.
그걸 제대로 된 것이라 착각한다면
더 이상 나는 판단할 길이 없구려.

그대의 잔인한 칼 아래
모든 이들이 굴욕을 느낀다오.
정숙한 모든 연인들은
그대를 불신하게 된다오.
그대의 오만한 칼질은
온 천박함을 부추기고
고귀함을 저속하게 한다오.

사랑이여, 왜 이런 말을 하는지 아시오?
그대가 잔인하고 혹독하며
경쟁자에다 원수이며 그대의 신하들에게
외면당하는 자임을 알고 있소.
천박한 자들에게 명예를 주어
높은 곳에 앉도록 하지 않소.
그대를 올바르게 대하는 이들에게
그대는 죽음을 보상으로 내리지 않소.
(*CB*, 308번)

비록 페드로 왕의 이름을 직접적으로 거명하진 않았지만 14세기 후반부 스페인의 역사적 상황과 시인 마시아스의 개인사를 종합해 본다면 "사랑"의 의미가 페드로 왕임을 어렵지 않게 유추할 수 있다. 사후에 '잔인한 자'(El Cruel)의 칭호를 받은 페드로 왕은 스페인 왕실 내부의 피비린내 나는 헤게모니 다툼 속에 1369년 이복동생인 엔리케 2세에게 살해당하게 된다. 이 작품을 기록한 마시아스는 페드로 왕의 사후에 시작된 새로운 왕조인 트라스타마라 왕가(Casa de Trastámara)의 편에 서서 새로운 왕조의 타당성을 지지하는 작가라 할 수 있다.

6. 《꿈》(15세기 중반)

스페인 최초의 시학(*Prohemio e carta*, 1445)을 서술한 작가인 산티야나 후작[10]이 15세기 중반에 기록한 알레고리 논쟁이다. 이 작품은 14세기 중반 이전의 스페인 알레고리 시 경향에 비해 사랑의 절대적인 이미지에 항거하려는 의지와 아울러 주인공의 염세적 세계관이 세밀하게 표현된다는 점이 돋보인다. 이러한 작가 내면에 대한 다각적 탐구 및 개인 심리상태에 대한 정밀 묘사가 일인칭 화자의 자전적 어투로 표현되는 패턴은 15세기 이전의 알레고리 작품에서 찾아보기 쉽지 않은 것이 사실이다.

---

10 카스티야 후안 2세의 신하이자 동시에 15세기 스페인 인문학 발전의 중심에 서 있다고 할 만큼 문헌의 번역과 전파에 큰 역할을 담당한 산타야나 후작(Marqués de Santillana, 1398-1458)의 실제 이름은 이니고 로페스 데 멘도사(Iñigo López de Mendoza)이다.

《비너스와 디아나의 전쟁》이라는 또 다른 제목으로도 불리는 이 알레고리 작품은 궁정식 사랑을 매개로 하는 산티야나 후작의 서사작품들 중 가장 복합적이고 장황한 구도로 이루어졌다. 일인칭 자전적 화자는 운명(Fortuna)의 권력에 저항하고자 적합한 방법을 찾아 긴 여행을 떠나게 되는데 이 과정에서 이성(Seso)과 감성(Corazón)이 격렬하게 논쟁을 벌이는 광경을 목격하게 되며 이후 테베의 현자인 테레시아와도 대화를 나누게 된다. 뿐만 아니라 시간이 지나 디아나 신을 직접 만나게 되며 또한 이기적인 성향의 사랑을 응징하고자 결투를 벌이다가 큰 상처를 입기도 하는 등 매우 다양한 상황을 접하게 된다. 이러한 복잡한 여정을 거치는 가운데 작가의 대변인으로 볼 수 있는 일인칭 자전적 화자는 예정론, 자유의지, 운명 등과 같은 주요 전통 관념이자 문학 토픽의 조합을 통하여 인간의 삶이 갖는 진정한 의미가 과연 무엇인지 사유한다. 사랑의 절대적 권위에 도전하고 한계를 극복하고자 하는 자신의 본질적 욕망에 관한 탐구는 본 작품의 첫 소절에서부터 잘 표현된다.

죽음을 앞둔 사람들이여 들으시오.
듣고 나서 전율을 느껴 보시오.
이 서글픈 결전을 들어 보시오.
저토록 일관성 없는 사랑(Amor)이
나를 포박하라 명령을 내렸답니다.
들어 보시오, 만약 그대가 나의 끊이지
않는 번민을 알고 싶다면 말이오.
인간의 저항이

운명의 권세 앞에 무슨 소용이겠소?
부질없는 짓을 하는 자는
대가를 치르게 된다오.
화염이 퍼져
감각을 타고 돌면,
그의 모색은 무산되고
슬픔은 큰 고통이 된다오.
(ed. Gómez Moreno, 1989, 1-16행)

일인칭 화자가 여행을 하던 중에 그리스 신화의 인물인 테레시아를 만나게 된다. 주인공이 자신의 번민을 해결하기 위한 방법을 찾고 있다는 사실을 말했을 때 이 테베의 예언자는 자유의지로써 운명의 지배로부터 벗어날 수 있다고 답한다. 아울러 디아나 신에게 도움을 요청할 것을 충고한다.

그러니 정결의 여신인
디아나를 찾으시오.
그리고 그녀에게 당신의
다급한 사정에 관해 문의하시오.
그녀만이 사랑(Amor)이 내뱉는
독설을 되돌리고
그 불을 끄고 식혀서
분노가 그치도록 할 수 있기 때문이오.
(*Ibid.*, 265-272행)

주인공이 사랑이 이끄는 무리들과 전쟁을 벌이다가 디아나 신을 만났을 때 그녀는 상기된 채 일인칭 화자에게 다음과 같이 말한다.

일관성 없는 인간이여,
그대의 명예가 부서지고
부끄러움이 달아나며
선덕이 멀어지는구려.
이미 죽음을 넘어섰거나
자유가 지켜졌을 터이니
무엇이 영원히 훼손된
인생인지를 생각해 보시오.
(*Ibid.*, 489-496행)

거짓과 위선으로 가득한 사랑과의 결투가 지속된 후 마침내 주인공은 비극적인 패배를 맞게 된다. 이를 이어 패배한 죄인으로서 참담한 심정을 갖게 된 주인공은 자신의 상황을 다음과 같이 묘사한다.

결국 나는 감옥에 들어가
무거운 사슬에 묶이게 되었소.
그 속에서 나는 큰 고통을 겪으며
슬픔에 지쳐 더 이상 살 수가 없구려.
(*Ibid.*, 537-540행)

형식적 측면에서 이 작품은 전형적인 중세 알레고리 논쟁(debate

alegórico), 그리스 · 로마 신화의 장면들을 모방한 에피소드들, 여러 전통 토픽들(Contemptus mundi, Ubi sunt?, Locus amoenus, etc.) 등과 같은 매우 다양한 문학 장르들을 포괄하는 복합적인 구조로 이루어졌다. 이러한 구도 속에서 일인칭 화자는 단순한 여행기 속의 가공적 인물이 아니라 작가 자신의 내면을 관조하며 그가 가진 문제점을 고민하고 해결책을 탐색하는 매우 유연하고 창의적인 유형이라고 할 수 있다. 스스로 질문을 던지고 그에 대한 해답을 찾기 위해 변증법적 사유의 발전 단계를 밟아 가는 이 실험적 인물은 중세의 절대적인 논리체계를 넘어 스스로 사유하고 생각을 발전시켜 나가는 자생적인 존재이다. 이러한 다의적인 화자의 탄생은 본 작품이 중세의 단계를 넘어 르네상스에 접목되고 있다는 사실을 구체적으로 시사한다.

15세기 스페인 알레고리 문학의 발전에 기여한 대표 작가인 산타야나 후작은 스페인 전통 알레고리 문학의 구도에 이탈리아 초기 르네상스의 문체적 요소들을 조합하여 새로운 서사문학을 실험하였다. 라파엘 라페사(Rafael Lapesa, 1957)가 이미 언급한 바와 같이 산티야나 후작은 당대 최고 수준의 스페인 시인인 후안 데 메나와 함께 동시대 역사적 현실을 묘사하기 위하여 새로운 알레고리 서사체를 개발했다고 할 수 있다. 그 과정에서 작가는 성서, 신화, 역사, 문학 등과 같은 다양한 전통적 맥락 속의 인물들을 거론하며 주인공이 여행을 하는 도중 관찰하게 되는 대상으로 내세우거나 아니면 주인공과 대화를 나누는 작중인물로 설정함으로써 작품 전체의 서사구조를 구성하였다. 뿐만 아니라 이탈리아 초기 르네상스 작가들이 즐겨 사용하던 비유, 상징, 인용, 속담, 신조어 등을 배합함으로써 문체의 근대화에도 큰 기여를 하였다. 특히 다양한 고전 텍스트들의 장르적 개성이 산티야나 후작의 작품 속에 서로 공존하며 하나의 서사구도를 형성하기 위해 연관성을 맺고 있다는 사실이 주목을 끈다. 이러한 맥락에서 《꿈》은 산티야나 후작의 문학적 경험을 총체적으로 반영하고 중세문학의 한계를 뛰어넘는 새로운 인문주의 문학의 시작이라고 말할 수 있을 만큼 다양한 소재들과 서사형태들이 조화를 맺고 있다.

7. 《사유의 정원》(15세기 중반)

로페 데 순니가(Lope de Estúñiga)가 1460년대에 제작한 가요집(*Cancionero de Estúñiga*)을 보면 중세 전형적인 알레고리 픽션의 구도인 이성과 감정의 대립을 토대로 한 궁정식 사랑 계열의 작품이 상당수 발견된다. 그 중에서 기독교에 기반을 둔 한 작품인 《사유의 정원》에서 이성은 하나님 사랑의 위대성을 믿으며 인간 감정의 덧없음을 비판한다. 이에 감정은 인간의 열정을 변론하고 삶의 의지를 유지하기 위해 중요하다는 점을 강조한다. 작품을 요약하면 인간의 삶을 위해 중요한 것이 무엇인가라는 의제를 두고 두 의인화인 이성과 감성이 논쟁을 벌이다가 종국에 가서 언쟁에 대한 마지막 결론을 숙제로 남겨둔 채 큐피드(사랑의 상징적 존재)가 나타나 희생의 중요성을 강조하며 작품을 종결한다는 내용이다. 함축적이고 암시성이 강한 이러한 결론은 독자들에게 종교적 사랑과 감성적 사랑이 모두 다 중요하다는 열린 사고를 유도하기 위한 전략으로 보인다.

이 서사작품의 문체적 특징 중 하나는 시공간에 대한 묘사가 매우 간결하게 이루어져 있는 한편 시각적으로 묘사된 배경이 어떤 물리적 공간을 의미한다기보다 실질적으로 작가의 심리상태를 반영하는 매개 역할을 담당한다는 점이다. 사실상 이야기 초입 부분에 간략히 서술된 배경 묘사 자체가 주요 인물의 내적 상황을 대변해 주는 경우는 15세기 알레고리 서사작품에서 자주 발견된다.

> 아주 거친 길을 따라
> 정열을 품은 채 걸어갔고
> 어느 날 내 자신이
> 정원 한 편에 서 있음을 발견했다.
> 그곳 한 쪽에 있는
> 견고한 비석을 보니
> 아주 섬세한 솜씨로 쓴
> 아래의 문구가 보였다.
>
> "사유의 정원이라고
> 불리는 이 꽃밭은
> 주저함 없이 사랑을 한
> 사람들을 위해 세워졌습니다.
> 나무는 확신을

꽃은 소망을
결실은 큰 기쁨을
정원은 여정을 뜻합니다."
(ed. Salvador Miguel, 1987, 1-16행)

사유의 정원에 들어간 일인칭 주인공은 의인화된 두 종류의 사랑, 즉 이성적 사랑과 감정적 사랑 간의 대화를 엿듣게 된다. 사랑하는 연인을 위해 최고의 희생을 무릅쓴 절대적인 사랑과 상황에 따른 어느 정도의 조절을 전제로 한 상대적 사랑 간의 변증법적 대화가 이 작품의 주제를 이끈다. 결론부에 가서는 어느 한 쪽의 승리를 부각시키기보다 사랑은 항상 적절한 대가를 요구한다는 메시지를 남기는 수준에서 작품을 종결한다. 아래의 예문에 잘 나타나듯이 작품 중반에서 이성적 사랑이 언급하는 내용은 작품의 전체 흐름을 지배하는 사랑에 대한 작가의 사고를 대변해 준다고 본다.

[감성적 사랑]
— 그래요 나는 하루도
사랑 없이는 결코 살 수 없답니다.

[이성적 사랑]
— 사랑을 하지 말라고 말리는 건 아닙니다.
다만 사랑을 행하되
그런 방식을 따르다 보면

생명을 소모할 수 있고
과업을 행하지 못할 수도 있지요.
사랑은 훌륭한 봉사를 받은 뒤에
나쁜 상처를 대가로 지불하지요.
(*Ibid*., 71-79행)

8.《사랑들의 전쟁》(15세기 중반)

고메스 만리케(Gómez Manrique)가 15세기 중반에 기록한《사랑들의 전쟁》은 숙명(Predestinación, '운명예정론'으로도 해석 가능)과 자유의지(el libre albedrío) 간의 우열다툼을 주제로 다룬다. 작품의 결론부에서 작가와 동일시되는 일인칭 화자는 자신을 사랑에 대한 신봉자로 표현하는데, 이 내용은 산티야나 후작의 작품인《꿈》에서 내려진 결론과 매우 유사하다. 산티야나 후작의 조카이기도 한 작가는 무슬림들을 상대로 하는 국토회복전쟁이 한창이던 당시 사회 내부적으로 상류계층들 간의 알력다툼으로 인하여 심리적 상황이 위축된 가운데 다사다난한 자신의 내면적 갈등을 알레고리 논쟁 형식으로 분출했던 것으로 보인다. 당시의 알레고리 시 작품이 역사적 배경과 문제들을 일종의 추상적이고 선험적인 표현체계로 논하고 있다는 사실을 보여 주는 대표적인 작품이라 할 수 있다.

작품에서 주인공은 사랑의 지배권에서 벗어나 운명의 한계를 극복하려고 노력하지만 마침내는 깊은 상처를 입게 되고 어떤 여인에 대한 사랑에 빠져 영원한 감옥에 감금된다는 내용이다. 작품의 특징 중 하나는 사랑에 대한 주인공의 심리가 내용 전개에 따라 점차 변화한다는 점이다. 다시 말해 작품 초반에 사랑으로부터 자유를 지키기 위해 죽음을 불사하겠다는 자전적 화자의 강인한 의지가 작품 후반에 들어 한 여인에 대한 사랑으로 말미암아 사랑을 신봉하는 쪽으로 변화한다.

곧이어 닥쳐 올 공격에 맞서
소홀하지 않은 채로
전쟁의 용사처럼
항상 반쯤 상기된 모습으로 있을 때
작은 북 소리와
트럼펫 소리를 들었다.
내 속에 있는 감정이
고르지 못한 시간에
공포는 나를 죽음으로 내몰았다.

[…]

나의 첫 번째 두려움에
또 다른 두려움을 가중되듯이
또한 나의 색이
여러 색으로 변화하였다.
하지만 그 두려움이
빨리 지나가도록 두며
나는 안정을 찾아 가면서

도망치지 않고 기다렸다.
죽거나 방어를 하게 되겠지.

항상 확고부동한
나 자신을 믿으면서,
만약 그것이 나를 향한다면
전투를 벌이기로 결심했다.
점령되기 전에
포로로 붙들려
자유를 위해 죽는다는 것,
자유를 위해 고결한
포로가 됨은 정해진 일이다.
(ed. Paz y Malia, 1-63행)

이어서 일인칭 주인공의 부하인 충의(lealtad)가 나서며 진실과 두려움 간의 전쟁이 시작된다. 이때 한 아름다운 여인이 출현하게 되는데 이에 영향을 받아 마음을 빼앗긴 주인공은 전의를 점차 상실하게 되고 위축하며 많은 전사들이 상처를 입게 된다. 종국에 가서 주인공은 그녀의 아름다움으로 인하여 자유를 잃은 포로 신세로 전락한다.

포로의 간청

분노와 함께 되살아난
두려움으로 인해 떨리는 목소리로
나의 큰 상처를 바라보며

그에게 말했다. "우아한 여인이여,
나의 인색한 운명은
당신에게 패배하였소.
내가 가지고 있는
비폭력적인 믿음을
둘로 나누지 마시오.

그건 당신에게 줄 수 없고
지키기는 더욱 힘들구려.
때로는 사랑으로 때로는 두려움으로
나는 당신의 권한 속에 있지요.
그러니 아름다운 여인이여,
당신의 신중한 판단으로
나의 맹세를 간직하시오.
당신은 너무나 아름답기에
굳이 맹세 없이도 모실 수 있다오."

결언

누구보다도 더 아름다운
앞서 거명된 여인,
운명의 신은 그녀를
슬픈 나의 정복자로 삼았다.
나를 죽음으로 몰고 가거나
생명을 주기를 원하지 않은 채
결국 그의 깊은 감옥이자
내 운명을 한탄할 그곳에

나를 가두라고 명령을 내렸다.
(*Ibid*., 162-189행)

삼촌 격인 산티야나 후작이 승리로 이끈 올메도 전투를 비롯하여 수많은 전장 속에서 살았던 군인이자 동시에 시인이었던 고메스 만리케의 생애를 고려할 때 이러한 전쟁 상황과 그 심리에 대한 생생한 묘사는 그가 겪었던 평소 경험을 기반으로 이루어졌을 것으로 본다. 특히 이 작품에서 말하는 사랑의 대상인 '여인'은 단순한 이성이 아니라 자신의 할머니이자 훗날 이사벨 여왕의 남편인 페르난도 왕(Fernando el Católico)의 증조모 돈냐 후아나(Doña Juana de Mendoza, 1360-1431)를 의미할 가능성이 높다.[11] 이러한 맥락에서 이 작품은 남녀 간의 사랑에 대한 감정을 표현하기보다 당시의 복잡했던 정치적 현실과 그 속에서 자신이 갖는 윤리적 사고를 전통적인 궁정식 사랑의 체계로 표현했다고 볼 수 있다.

서구 중세 기사도 정신의 한 대표적 축인 '숭고한 사랑'이나 어떤 연인을 상대로 하는 '사랑에 대한 책무'는 스페인 중세 알레고리 시 작품의 가장 전형적인 주제들에 속한다. 그 중에는 강한 서정성과 함께 음악적 성향이 지배적인 가요 작품이 있는가 하면 이야기의 논리적 구성이 역동적이고 장황하게 짜진 서술성이 강한 작품이 발견된다. 이들 중 역사적 현실이 보다 선명하고 논리적으로 투영된 작품은 대부분이 서정적

11 안토니오 파스 이 멜리아(Antonio Paz y Melia, 1885, 172쪽)의 주장에 따를 때 고메스 만리케가 말한 '여인'의 구체적인 대상이 관련 필사본의 여백에 적혀 있는 후아나 데 멘도사일 가능성이 있다.

인 시적 분위기보다 서사적인 논지 전개에 무게 중심을 둔 작품일 확률이 높다. 주로 일인칭 화자가 사랑에 직접 연루된 당사자로서 어떤 연인의 아름다움에 대한 찬미를 하거나 아니면 불충실한 사랑에 대한 날선 비판을 하는 내용으로 축약해 볼 수 있다. 그 전형적 구도를 다음과 같은 보편적인 세 단계로 구분해 볼 수 있다. 먼저 화자가 어떤 아름다운 연인의 출현을 묘사하거나 사랑에 대한 자신의 심경을 고백하는 첫 번째 단계가 일반적으로 존재한다. 두 번째는 사랑에 대한 이야기가 역동적으로 전개되는 단계인데 이 과정에서 서로 상반되는 개념들의 변증법적 이야기 구성이 장황하게 이루어진다. 세 번째 단계는 모든 작품에서 공통적으로 나타나진 않지만 작가의 사랑에 대한 시각을 정리하는 결론부로서 의미를 갖는다.

사랑과 관련된 표현 속에 어떤 역사적 현실과 연관된 정치성이 교묘하게 숨겨져 있고 이와 긴밀하게 연관된 작가의 윤리관이나 심미적 표현이 일인칭 화자의 교육적 어조로 서술되는 패턴은 스페인 중세 알레고리 문학작품 속에서 빈번히 찾아볼 수 있는 요소이다. 이 과정에서 자주 거론되는 사랑에 빠진 이들의 죽음은 일종의 충직함이나 의로움을 상징하는 문학적 토픽이며 진정한 자유를 획득하기 위해 필수불가결한 자유의지의 발현이라고 볼 수 있다. 고메스 만리케의 《사랑들의 전쟁》에서 살펴볼 수 있는 사랑으로 인해 죽음을 맞이하는 행위를 명예스럽게 보는 시각은 19세기 서구 낭만주의 작품에서 자주 거론되는 죽음에 대한 일종의 강박관념이나 병적인 동경에 가깝다. 한편, 그 이면에는 항상 정치와 도덕 간에 딜레마를 안고 사는 작가의 내면 특히 그 심리 상황에 대한 묘사가 주된 표현의 대상임을 기억할 필요가 있다.

제3장

사회계층 간의 분화와 대립

스페인 중세 알레고리 문학 작품들 중 당시 사회계급과 관련된 다양한 서술들을 찾아볼 수 있다. 이를 통하여 우리는 당시 사회계층에 관한 다양한 역사적 맥락들을 분석하거나 문학 텍스트와 역사적 현실 간의 역학적 관계를 살펴볼 수 있는 계기를 마련할 수 있다. 연대기와 같은 역사서에서 정작 찾아보기 힘든 다양한 실제 상황들, 특히 중세 작가들의 개인적인 경험과 사고를 당시에 유행했던 후글라르 문학이나 알레고리 문학과 같은 서사문학을 통해 살펴보는 것은 의미심장한 일이라고 생각한다. 물론 현실적으로 몇 가지 제한된 텍스트들에 대한 분석을 통하여 당시 사회계층에 관한 일반 관념을 폭넓게 조망하는 작업이 쉽지 않은 것은 사실이다. 하지만 적어도 당시 주요 작가가 자신의 작품에 적용한 사회계층에 관한 시각이 어떤 현실적 가치와 연관성을 지니며 또한 작품의 형식 또는 문체의 구성에 있어 어떤 문학사적 가치를 지니는지 파악하는 데 있어 주요 지침이 될 수 있다고 본다.

문학의 정의와 기능이 시대와 지역에 따라 결코 고정될 수 없듯이 서구 중세의 핵심적인 문체라고 할 수 있는 알레고리의 개념 또한 시대성이나 환경적 문맥에 따라 가변적일 수 있다는 사실을 염두에 둘 필요가 있다. 구체적으로, 이미 라틴문학에서 그 유래를 찾아볼 수 있으며 그 특유의 추상성, 난해성, 상징성 등으로 인하여 순수 문학의 영역으로 분류되어 전승되어 온 중세 알레고리 픽션들, 즉 〈엘레나와 마리아〉(*Elena y María*), 〈질문〉(*Pregunta*), 〈세 가지 색상의 대화〉(*Reqüesta de los tres colores*) 등에서 볼 수 있듯이 14세기 이후 추상적 개념의 의인화적 체계의 전형에서 벗어나 자연의 시공간성을 배경으로 삼거나 사실적 내용을 담은 이야기 형태로 점진적으로 진화하였다는 점에 주목할 필요가 있다고 본다. 뿐만 아니라 이러한 알레고리 작품은 중세 봉건사회의 계급적 사회 현실이 두드러진 《엘시드의 노래》(*Cantar del Cid*)나 《라 셀레스티나》(*La Celestina*)와 같은 사실성이 강한 비알레고리적 서사작품에 결코 못지않게 작가 개인이 경험한 실제 상황을 부각시키는 경향을 보여주며 때로는 사회계층과 관련된 역사적 현실을 우회적으로나마 묘사하였다는 점에 있어서 문학사적 의의가 결코 적지 않다. 비록 이 두 중세 작품은 전형적인 알레고리와는 관련이 적지만 비교문학적 관점에서 분석할 가치가 있다고 본다.

1. 《엘시드의 노래》(12-14세기)

국왕, 제후, 기사, 그리고 그 하부에 속하는 부르주아 계층, 하인과 노예

등의 수직 배열의 등급으로 구성된 봉건체제는 스페인 중세 기독교권 사회에 분명히 존재했으며 당시 사회질서를 지지한 이념이자 제도로 작용하였다. 당시에 기록된 문학작품 속에서 봉건적 관념에 대한 직접적인 묘사나 그로부터 파생된 흔적들을 발견하는 것은 결코 어려운 일이 아니다. 예를 들어 12-13세기에 존재한 어떤 후글라르 계열 문학작품에 대한 14세기 전사본으로 알려진 서사시 《엘시드의 노래》에는 국왕인 알폰소 6세, 귀족 계층인 카리온의 왕자들, 하급기사인 엘시드, 부르주아 계급에 속하는 마르띤 안톨리네스뿐만 아니라 당시 스페인 사회의 독특한 부류였던 라켈과 비다스와 같은 유대인 부르주아들에 대한 언급이 발견된다.

내용 전개상에 있어서도 주인공 엘시드가 자시의 결백에도 불구하고 알폰소 6세의 추방령에 복종할 수밖에 없는 극단적 상황, 국왕에게 전리품을 보내어 추방에 대한 면죄부를 구하고자 오랫동안 노력했던 점, 이슬람 세력에 대항하여 획득한 전쟁 승리와 전리품 획득으로 말미암아 엘시드의 명예와 경제력이 회복된 점, 이슬람 세력을 무찌른 공훈을 인정받아 엘시드의 두 딸이 고급귀족 자제들과의 결혼을 통하여 계급상승할 수 있도록 허락받은 점 등 사회계급과 관련된 수많은 봉건적 요소들이 작품에서 발견된다.

한편 이 서사시는 11세기에 실존했었던 주인공과 그 주변 인물들, 국토회복전쟁의 현실 등과 같은 다양한 역사적 요소들을 수용한 가운데 그 이면에 존재할 수 있는 또 다른 세계, 즉 비윤리적이거나 복잡 · 미묘

한 인간의 단면에 관한 정밀 묘사를 통해 서사구조의 정교성을 더하였다는 점을 기억할 필요가 있다. 즉 봉건적 계급관념이 엄격하게 유지되었던 당시 사회적 분위기와 이러한 표면적 질서와 상충된 생각을 갖는 카리온 왕자들의 전략적 논리나 정치적 야망에 대한 동시적 표현은 본 스페인 중세 작품이 갖고 있는 역사서술서로서의 가치이자 문학사적 의의라고 생각한다. 아래 예문에서 볼 수 있듯이 카리온의 왕자들은 당시 봉건체제를 이용하여 자신의 사회적 · 경제적 욕망을 채우고자 하였으며 이러한 사실은 차후 엘시드의 행동과 본 작품의 내용 전개를 결정하는 핵심적인 내용과 연계된다.

> 왕은 미소를 지으며 자상한 표정으로 말했다.
> "엘시드를 따르기를 원하는 사람들은
> 내 허락을 받았고 하나님의 은총을 얻을 것이다.
> 이로 인해 불명예스러운 시기보다 더 많은 것을 얻을 것이다."
> 여기서 카리온의 왕자들이 말을 꺼냈다.
> "엘시드의 위업이 많이 커졌으니
> 그의 딸들과 혼인을 맺어 혜택을 보아야겠다.
> 하지만 우리 스스로가 결혼을 하겠다고 나설 수는 없어.
> 엘시드는 비바르 시골 출신이고 우리는 카리온의 백작이기 때문이지."
> 그들은 그것을 누구에게도 말하지 않고 하던 말을 중단했다.
> (1368-1377행)

스페인 사회 내부를 해부하고 성찰하는 어떤 특수한 관념이나 쟁점에 관한 묘사가 에피소드 전개의 핵심적인 흐름을 지배한다면 이는 유럽 여타 지역의 서사시와는 매우 차별화되는 스페인식의 사실성이 강한 서사문학으로 분류될 수 있다고 본다. 특히 사회계급이 엄격하게 유지되었던 당시 사회 분위기와 계급을 이용한 점잖지 못한 자세는 바로 위 예문에서 보듯이 카리온의 왕자들이 엘시드의 딸들과의 정략결혼을 생각하며 자신의 우월성을 거론하는 부분을 통해 유추해 볼 수 있다.

카리온의 왕자들은 엘시드의 두 딸과 결혼을 하게 되지만 엘시드의 재산에 더 많은 관심이 있었기 때문에 결코 행복하게 지내지 못한다. 그러던 중 사자의 우리 탈출 사건을 계기로 그들의 비급함이 드러나고 자존심에 상처를 입게 되자 급기야 엘시드의 두 딸을 폭행하고 숲속에 버려두는 만행을 저지르고 만다. 이 사건이 있은 후 우여곡절을 겪은 그들은 알폰소 왕에게 재판을 신청하게 된다. 이에 엘시드와 알폰소 왕이 있는 자리에서 자기변론에 급급한 왕자들은 흥분을 다스릴 줄 모른 채 사회적 신분을 앞세운 발언을 하며 자신의 우월성을 과시한다.

페르난 곤살레스가 일어서서 큰 소리로
무슨 이야기를 했는지 들어 보시오.
"엘시드여 그 얘기는 이제 그만하세요.
당신의 재산은 전부 돌려주었습니다.
우리와 당신 사이에 불화를 더 만들지 마세요.
우리는 카리온 백작 가문 출신으로서
왕이나 황제의 딸과 결혼했어야 했으며
시골 귀족의 딸과는 혼인하지 말았어야 했소.
그들을 버린 것은 올바른 일이며 할 일을 한 것뿐이오.

따라서 정당하다고 보며 불명예스러운 일이 아님을 아시오."

[…]

디에고 곤살레스가 말한 것을 들어 보세요.
"우리는 가장 깨끗한 백작 가문 출신이다.
엘시드와 인연을 맺어 이루어진 이 결혼이
이 결혼이 이루어지지 않았다면 얼마나 좋을까!
그의 딸들을 버렸어도 우리는 아직 후회하지 않아.
그들이 살아가는 동안 한숨을 쉴 것이다.
그들에게 우리가 행한 일은 용서받을 거다.
나는 가장 용맹스러운 자와 결투를 벌일 것이며
그들을 버렸기 때문에 명예롭게 되었다."
(3292-3360행)

위 에피소드에서 카리온의 왕자인 페르난 곤살레스와 디에고 곤살레스는 왕족의 혈통을 잇는다는 이유로 엘시드 딸과의 이혼을 정당화하려 든다. 이 서사시의 작가는 카리온 왕자들의 위선적인 행위 특히 상류계층의 특권을 이용한 합리화에 대하여 독자들이 반감을 유도한 것으로 보인다. 이는 당시 계층 간의 첨예한 대립 양상이 일반 계층에 친숙한 후글라르 문학 장르에 상당 부분 반영된 결과로 판단된다. 이 작품의 전체적인 서사구도가 엘시드의 추락한 명예와 경제력을 회복해 가는 과정임과 동시에 주인공의 정치적 입지의 점진적인 상승에 의해서 이루어진다고 생각할 때 이 서사작품에는 반상류계층적 시각이 저변에 깔려 있다고 할 수 있다. 작품 전개와 화자의 어투에 기초할 때 사회계층 간의 괴리, 특히 상류층에 대한 반감은 과거지향적인 관점에서 묵고할 수 있는 바가 아니라 그 반대로 지탄을 받아야 할 대상으로 보인다.

종합해 볼 때 11세기 스페인의 정치적 지형은 중세 봉건체제의 보수성과 귀족 계층의 불안정성으로 인한 진보적 경향이 공존했던 시기라고 할 수 있다. 안토니오 마라발은 스페인 중세 왕권과 그 이하 봉건 계층들 간의 상호연관성이 불안정했던 이유를 유럽 봉건주의의 유입과 로마시대 이전부터 존재해 온 전통적 사회체제가 공존했기 때문이라고 언급한 바 있다.[12] 예를 들어 엘시드와 같이 왕이 지배하는 땅에 구속받지 않는 제3세력이 존재할 수 있는 정당성이 부여되거나, 카리온 왕자들과 같은 상류층이 지역의 수장인 알폰소 6세에 버금가는 권력을 가질 수 있었던 사회 분위기 등은 스페인 봉건제의 개별적 특성을 말해 준다.

2. 《엘레나와 마리아》(12-13세기)

라몬 메넨데스 삐달의 주장에 따르면 이 알레고리 논쟁(debate alegórico) 계열의 작품은 그 언어 특징을 고려할 때 12세기 중반에서 13세기 중반 사이에 기록된 것으로 레온 지방의 사투리가 많이 섞여 있는 것으로 보아 서북쪽에서 유래되었을 가능성이 높다. 내용 전개에 있어 사제의 연인인 마리아와 기사의 연인인 엘레나 간에 오간 설전을 대화체 형식으

12 안토니오 마라발이 지적하였듯이 이민족들의 구성비율이 상대적으로 높은 스페인 중세사회는 유럽 타 지역의 봉건 계급체제와는 매우 다른 역학관계의 사회구조에 기반을 두며 이러한 스페인 사회의 개별성은 다양한 문화 공존성에 기초한 역사적 배경에서 비롯된다.(cf. José Antonio Maravall 1964, 346-380쪽)

로 엮은 이 작품은 중세시대 영국, 프랑스, 이탈리아 등지에서 유행했었던 어떤 알레고리 작품을 모방한 결과로 판단된다. 하지만 작품에 담긴 후글라르적이면서 이성과 감성 사이에서 방황하는 스페인 사람들의 정서를 반영한 다원적인 측면을 고려할 때 단순한 모방을 넘어 스페인 사람들의 정서를 반영한 개별적 방식으로 안착된 글의 수준을 보여 준다.

중세 사회체제가 존립하는 과정에서 특히 상류계층의 안위를 보장하기 위한 종교적 · 철학적 버팀목의 기능을 수행했던 사제 계층과 그와 공존하는 가운데 외세의 침략에 대한 물리적 보호막의 역할을 담당했던 기사 계층 간의 헤게모니 경쟁은 이 알레고리 작품의 주제가 된다. 사제 계층과 기사 계층을 상징하는 두 여인 엘레나와 마리아가 벌인 이전투구식의 치열한 논쟁은 당시 두 사회 부류에 대한 개별적 특성과 동시에 그들 사이에 존재했었던 갈등의 단면을 여실히 반영한다. 마리아는 기사들의 허영과 무모함, 불행한 현실 등을 매우 비판조로 거론하며 엘레나에게 면박을 준다.

마리아는 영리하게
아래의 답변으로 대응했다.
"이봐, 정신없는 것아,
아무것도 모르는 것 같으니라고!
[…]
멋대로 살아가는 애 같은
너의 기사처럼
항상 광기에 사로잡혀 헤매는 것보다

이성과 신중이 더 중요하지.
궁전에 가면
그가 받는 대우를 더 잘 알 수 있어.
배분되는 빵
시어진 포도주
조금 먹고서 많이 웃어야 하고
정신없이 노랠 불러야 하지.
옷이 별로여서
항상 춥고 배고프지.
밤에 숙소에서 제대로
먹고 마시질 못하듯이
집을 멀리 나선 자는
고통에서 벗어나질 못해.
그[기사]가 멀리 있는 동안
너는 여기서 마음고생을 하게 되지.
그가 올 때까지 기다렸다가
무얼 들고 오는지 손을 봐봐.
만약 아무것도 없다면
나중에 집이 추워지겠지."
(ed. Alvar, 1991, 166-167쪽)

가톨릭 사제인 연인을 둔 마리아의 거센 공격을 받은 엘레나는 기사들의 훌륭한 특징들을 거론함과 동시에 사제 계층의 부도덕한 단면들을 조목조목 들추며 자신의 사랑에 대한 정당성을 주장한다. 이성과 감성 간의 대립을 다룬 전통적인 문학 토픽이 사제와 기사 간의 사회계층

문제와 연계된 매우 특이한 알레고리 픽션이라고 볼 수 있다.

화가 난 엘레나가
나중에 말했다. "그건 거짓말이야.
궁전에 내 친구가 있는데
배고프지도 춥지도 않아.
제대로 입고 신고 그리고
좋은 말을 타고 다녀.
기사들이 그를 동행하고
종자들이 시중들지.
그는 급료를 많이 받아서
수하의 군인들을 먹여 살리지.
궁전에 나올 때면
옷을 잘 입고
무기와 말을 갖추고
부하 기사들과 신하들과 함께
항상 가장 좋은 매와
독수리를 데리고 나타나지.
[…]
한편 네 주인[사제]이 갖고 있는
가장 큰 관심거리는
시편을 낭송하고
젊은 사제들을 가르치는 일이지.
그의 영적 아들들에게 세례를 베풀면
전쟁은 그들의 손에 의해 치러지게 되고
하는 일이라곤 먹고 탕진하고

잠자고 양가집 규수들을
결혼을 했건 안 했건 가리지 않고
후리는 거지.
바르고 틀린 것을 분간할 줄 모르는
이에게는 아무것도 필요 없어.
내 님은 이것저것 많이 아시니
훨씬 더 중요한 분이야."
(*Ibid.*, 167-168쪽)

기사 계층과 사제 계층 간에 누가 더 훌륭한가를 두고 두 여주인공이 보여 주는 비방의 수준은 사실상 도를 넘어섰다고 해도 과언이 아닐 만큼 공격적이고 적나라하다. 마리아와 엘레나의 날선 공방이 지속되는 가운데 그들의 말투에 스페인 중세 후글라르 특유의 해학적인 재치와 위트가 넘친다. 후글라르 문학은 일반 계층의 사고와 밀접한 관계에 있으며 그 보통사람들의 정서를 대변한다고 할 수 있다. 따라서 두 여인의 거센 논쟁은 당시 서민들이 가슴에 담고 있었을 법한 두 상류계급에 대한 반감을 노골화한 표현일 가능성이 충분히 있다. 이러한 맥락에서 이 작품은 당시 스페인 사회에 존재했었던 어느 한 쪽이 다른 쪽에 항상 앞선다고 할 수 없는 사제와 기사, 이 두 사회적 역할 간의 헤게모니 장악 경쟁을 소재로 삼은 알레고리 문학의 한 전형적 사례이자 동시에 당시 서민적 관점에서 바라본 사회 현실의 단면을 담아 낸 역사 서술서로서의 가치를 갖는다고 본다.

《마리아와 엘레나》가 보여 주는 극심한 반봉건적 폭로와 비방은 스페인 중세시대에 존재했었던 엄격한 사회계층의 관념이 어느 정도 허구적이었을 수 있다는 가능성을 생각하도록 유도한다. 절대적인 사회 체제의 이면에 그와 반대되는 사고와 현상이 존재하고 있었다는 것이다. 이는 구체적으로 12-13세기 이베리아 반도에서 기독교권이 아랍권에 맞서 헤게모니를 장악하고 그라나다 지역 일부를 제외한 반도의 대부분을 차지했을 무렵 국토회복전쟁의 성공에 반해 오히려 사회계층 간의 갈등과 불만이 극도로 고조되어 있었다거나 아니면 기사와 사제 사이 혹은 귀족과 평민 간에 경쟁적 대립구도가 첨예화되었다는 사실에 근간을 두고 유추해 볼 수 있다. 한편 역사적으로 절대적 정치권력의 경쟁자임과 동시에 동반자였던 가톨릭 종교의 안정된 위상, 그리고 문(sapientia)과 무(fortitudo)의 동등한 가치를 강조해 온 스페인의 전통적 윤리 관념, 중앙집권적 통치와 지방자치의 독립성이 동시에 작용했었던 스페인 특유의 공존체제를 기억할 때 유럽의 엄격한 봉건주의와는 달리 이베리아 반도 특유의 다원화된 사회 양상이 존재했을 것이라는 판단에는 이견이 있을 수 없다고 본다.

3.《질문》(15세기)

후안 알폰소 데 바에나가 1430년경에 제작한 가요집에 1657번으로 편집되어 있는 페란 산체스 칼라베라(Fernán Sánchez Calavera)의 알레고리 작품《질문》에서 사회계층과 관련한 작가의 비평적 시각이 잘 나타나 있다. 작품 속에서 작가와 동일시되는 일인칭 자전적 화자가 자신의 경제 상황이 매우 열악하다는 사실을 자각하며 신세한탄을 하게 되는 구절이 나온다. 이때 작가는 모든 죄의 발생에 대한 근원이자 그 출발점으로서 '가난'을 지목하게 되며 또한 그러한 가난을 직접적으로 부추기는 사회 환경을 만든 주체가 귀족 계층이라고 지적하며 혹독한 비평을 하게 된다.

> 귀족들은 나쁜 목표를 위해 살아가고
> 가난한 자들이 명예와 직무에 충실해 보이네요.
> 바보들은 경제적인 이득으로 명예로운 듯이 보이고
> 가난에 찌든 박사들은 자신의 목표에 충실할 뿐이지요.
> 제대로 된 군인은 끼니를 거르고
> 솔직한 자는 자주 위험에 처하며
> 자기 침상에서 강도에 의해 살해되지요.
> 나쁜 이에게는 좋을 결과가, 좋은 이에게는 나쁜 결과가 돌아옵니다.
>
> 어떤 이에게는 잃기만 하는 것이 일상이고
> 또 다른 이에게는 얻기만 하는 것이 일상이지요.
> 신중하게 사는 자에게는 울음이 그치질 않고
> 깔깔대는 자는 항상 즐겁답니다.
> 잠자며 살아가는 자는 순탄하게 사는 한편
> 또 다른 이는 허탕치고 얻는 것이 없지요.
> 원하지 않아도 많이 얻는 자가 있는 한편
> 원해도 얻을 수 없는 자가 있지요.
>
> (*Cancionero de Baena*, 1993, 395-396쪽)

작가의 대변인격인 일인칭 화자는 당시 스페인 사회를 두고 선을 행한 자는 멸망하고 악을 행한 자가 득세하는 공정치 못한 사회로 묘사한다. 이는 모순된 세상을 의미하는 전통 토픽 '거꾸로 돌아가는 세상'(el mundo al revés)의 일종의 문학적 적용이라고 할 수 있다. 또한 라틴 고전문학에서 전승된 전통적인 주제의 일종인 '인생의 허망함'(contemptus mundi)을 떠올리는 가운데 상류계층에 대한 부정적인 의견을 표출한다. 이어서 화자의 혹독한 현실비판과 신세한탄을 들은 천상계의 어떤 존재가 충고를 하기 위해 나선다.

> 이런 말을 하고 난 뒤 나는 입을 다물었다.
> 비통한 순간과 을씨년스러운 분위기가 흐른 후
> 허공에서 어떤 목소리가 들려왔고
> 나는 감미로운 이런 말을 듣게 되었다.
> "페란도야, 너의 통곡이 번개처럼
> 하늘을 가로질러 전달되었음을 알아라.
> 영원토록 주관하며 살아 계신 하나님께서
> 그런 상황에 놓인 너를 위해 방책을 보내 주셨다.
>
> 네 말에 따르자니 너는 명예와 권력,
> 악덕, 재산을 갈구하는 듯하구나.
> 네가 받은 고난은 하나님이 보내신
> 아픔이란다. 그러니 너는 명심하거늘
> 유혹을 당해 보지 않은 사람은
> 더 나아질 수 없고 구원도 없으며

명예나 부도 없다고 솔로몬이 말했고
예언자 미가도 말했단다.

비록 우리의 인생이 달콤하게
보일지라도 금방 끝나 버리고 말지.
끝이 없는 또 다른 가치를 추구한다는 것은
완전히 반대되고 매우 험난한 일이지.
따라서 명예를 갖추고 사는 이들은
그것을 잃을까 그토록 노심초사하지.
그중 많은 이들은 슬픔과 걱정에 잠긴 채
모든 일의 종말을 응시하지.

건초가 시든다는 말처럼
저급하고 소멸될 것들로 인해
영원히 지속될 고상한 가치를
망각한다는 것은 한심한 일이지.
이 생애에 우리는 가난한 자로 왔기에
불쌍하고 슬픈 자로 분류되었지.
따라서 서글픈 모든 것이 마감하리라
기대할 때 기쁨은 커진다네.

[…]

그러니 부패한 구더기 같은 인간아
하나님의 역사를 의심치 말라.
우리에게 다른 의미로 비친 것이
이제 너의 텅 빈 머리에 기쁨을 주지 않느냐.

하나님에 대하여 알기를 원하는 만큼
그의 권능이 얼마나 위대한가 보게 될 것이다.
너는 이렇게 행해야 하며 아주 단순한 마음으로
네가 그의 성스러운 손으로 빚어진 사실을 믿어야 한다."
(*Ibid.*, 396-398쪽)

작품 속에서 일인칭 화자의 대화 상대자로서 등장하는 천상계의 메신저는 가톨릭 신학의 절대성과 믿음의 중요성을 강조하면서 주인공이 물질적 · 정치적 욕망에서 벗어나지 못하고 현세의 가치를 중요시 여긴다는 점을 비판한다. 이러한 두 인물 간에 이루이진 변증법적 논지 전개는 전통문학 토픽의 일종이라고 할 수 있는 인간의 자유의지(el libre albedrío)와 예정론(predestinación) 간의 논쟁에 대한 15세기적 적용이라고 볼 수 있다.

이 15세기 알레고리 픽션은 작품이 보여 주는 표면상의 의미를 능가하여 새로운 문체적 변화를 엿볼 수 있는 계기를 마련한다. 구체적으로 상류층에 대한 신랄한 비판이 어느 정도 가능하다는 사실, 즉 명분에 근거한 봉건적 분위기가 다소 위축되어 가는 가운데 작가의 개인적 시각에 초점을 둔 새로운 비평적 조류가 도래했음을 시사한다. 무엇보다도 당시 카스티야 귀족 계층에 대한 거부감이 적나라하게 표출된 이 알레고리 픽션이 다름 아닌 당시 카스티야의 왕인 후안 2세(Juan II de Castilla)에게 봉헌된 핵심적인 가요집에 실렸다는 사실은 정치적 관점에서도 매우 의미심장하다고 본다. 이는 적어도 15세기 초반의 사회적 현실이 그 이전에 엄격한 봉건체제가 지배했던 시대에 비해 훨씬 자유분방하여 개인적 시각에 대한 표현이 자유로워졌거나 아니면 국왕의 위상이 주변의 고급 기사나 귀족 계층에 비해 상대적으로 강화되었다는 사실로 해석될 수 있다고 본다. 종합해 볼 때 15세기에 들어 스페인의 알레고리 서사문학은 과거에 비해 개인적이고 현실적인 표현을 선호하는 경향을 보여 주며 이는 《바에나 가요집》에 편집된 미셀 프란시스코 임페리알(Micer Francisco Imperial)을 비롯한 많은 작가들의 작품 속에서 공통적으로 나타나는 현상이다.

4.《세 가지 색상들의 대화》(15세기)

《바에나 가요집》의 343번 작품으로 편집된 페로 곤살레스 데 우세다(Pedro González Uceda)의 알레고리 픽션은 전형적인 15세기 스페인의 서사문학을 대표하는 형태로 구성된다. 작품에서 작가의 대변자로 보이는 일인칭 자전적 화자는 의인화된 세 가지 색상, 즉 빨간색, 초록색, 보라색 사이에 이루어진 논쟁을 우연히 목격하게 되는데, 사실상 이 세 종류의 색상은 당시 카스티야 지역에 존재했었던 대표적인 세 계층(즉 기사, 가톨릭 사제, 농부)을 상징한다. 이야기가 진행되는 가운데 각각의 색상은 관련 계층의 장점과 우월성을 거론하며 설전을 벌이게 되며, 이후 작품의 결론부에 가서는 또 다른 인물인 심판관(Amor)이 나타나 세 가지 색상의 논쟁을 지켜보고 난 후 보라색의 승리를 선언하게 된다. 즉 기사

계층이나 농민 계층에 비해 가톨릭 사제 계층이 우월하다는 내용을 표현한다.

> 나중에 빨간색이
> 예의를 극진히 갖추고
> 자존심과 늠름함을
> 잃지 않은 채
> 말을 꺼냈다. "나는 어떤
> 다른 색상보다도 즐겁고
> 바르기 때문에
> 상을 받을 가치가 있습니다.
>
> 금색과 은색은
> 내게 더 어울리지요.
> 연한 주황색이라면
> 보기가 훨씬 더 좋을 거예요.
> 교황이나 황제가
> 내 앞에 나타난다면
> 나의 색상으로 인하여 그들은
> 결코 작아 보이지 않을 거예요."
> (*Cancionero de Baena*, 1993, 616쪽)

기사 혹은 귀족 계층을 알레고리 방식으로 의미하는 빨간색이 내뱉는 말은 교황이나 황제에 대한 미화와 동시에 그 자신에 대한 중요성을 우회적으로 강조한다. 다음 초록색이 말하는 바도 자신의 중요성을 부각시키고 있지만 그렇다고 주변의 경쟁자들을 비판하거나 폄하하는 시각이 존재한다고 볼 수는 없다.

초록색이 그 뒤를 이어
좀 더 공손하게 말했다
"당신에게 원하건대
상을 저에게 베푸세요.
제가 가장 푸르다는 점을
기억해 주시고요.
여름이 되면 이를 증명하고
사람들을 즐겁게 해 주지요.

장미와 그 이외 꽃들은
내게서 태동하지요.
내 위에서 꾀꼬리가
백 곡이 넘게 노래하고요.
당신의 큰 가치가
나로 인해 시작하니
사랑이시여
살피어 주시기 바랍니다."

보라색이 땅 아래로 눈을 내리고
말을 하기 시작했다.
"나는 그들과는 달리
자화자찬을 할 줄 모른답니다.
사랑에 빠진 사람과 같은

제스처를 취할 줄도 모르지요.
그 대신 박사들과 사제들이
충직히 살아가도록 돕는답니다.

많은 종교인들이 나의 색으로 된
옷을 지어 입으며
겸손한 마음을 가지고
맑은 정신을 유지하며
신중한 자세로
은혜로운 말씀을 하지요.
모든 방면에 있어서 나로 인해
역사가 일어나지요."
(*Ibid.*, 616-618쪽)

빨간색과 초록색이 상징하는 기사 계층과 농민 계층은 보라색으로 표현된 가톨릭 사제 계층에 비해 격이 낮은 부류로 판결을 받고 마침내는 그들 중 대표자의 자리를 가톨릭 보라색에게 내어주게 된다. 물론 가톨릭의 중요성에 대한 작가의 주관적 시각이 어느 정도 개입한 것으로 보이지만 기본적으로 당시 중세 사회에 존재했었던 세력들 중 상대적 중량감이 가톨릭 사제 쪽으로 기우는 현실을 여과 없이 받아들인 알레고리 픽션이라고 할 수 있다. 스페인 중세에 있어 종교 계층의 실질적 위세는 거의 절대적이었으며 최고 권력층과 항상 긴밀한 관계를 유지해 온 현실을 상기시키는 대목이 된다. 작품의 형식은 과거 알레고리 작품의 전형적인 형태를 그대로 답습하고 있다. 다만 그 표현의 초점이 일반적 공론에 대한 표현이기보다 작가의 주관성에 중심을 두고 있다는 점이 그 이전과의 차이라 할 수 있다.

결론적으로, 스페인 중세 서사문학 속에 나타난 다양한 에피소드들은 그것이 표면적으로 남녀의 사랑에 관한 이야기일지라도 가톨릭 종교의 영향을 기반으로 적어도 14세기까지는 엄격한 계급주의 논리를 따랐던 것으로 보인다. 그 이유를 다음과 같은 두 가지 역사적 맥락을 통하여 추정해 볼 수 있다. 첫째, 14세기 말 이전의 스페인 서사체는 주로 중세 봉건체제 속에서 발전해 나온 문체를 기반으로 하며 아직은 이탈리아 르네상스 문학의 영향을 충분히 이어받지 못했기 때문이라고 할 수 있다. 둘째, 알레고리 표현기법을 중시하는 당시의 문학은 자체적으로 갖는 고도의 상징성과 종합적 표현체계의 특징으로 말미암아 과거지향성이 강하며 문체적 보수성을 유지하려는 경향이 강하다. 하지만 15세기에 들어서면 스페인 문학은 프로방스 혹은 이탈리아와 같은 이웃 지역 문체의 영향을 받아 큰 변화를 겪는다. 즉 과거에는 어떤 상황에건 결코 쉽지 않은 표현이었던 남녀 간의 사랑이 보수적인 색채를 벗어던지기 시작한 것이다. 이러한 현상은《라 셀레스티나》(1499)를 비롯한 다수의 서사문학에서 선명하게 관찰된다.

5.《라 셀레스티나》(1499)

스페인 중세 말의 극변하는 사상적 · 심리적 현실을 남녀 간의 비극적 사랑에 대한 이야기로 담아 낸 페르난도 데 로하스(Fernando de Rojas)의 《라 셀레스티나》를 통하여 당시 계급에 대한 일반적 관념에 접근해 볼 수 있다. 연극 대본의 형태로 1499년에 출판된 이 서사작품에서는 사회 계급을 존중한 봉건적 사랑과 보수적인 계층 관념을 무시한 반봉건적 사랑이 때로는 상충되고 때로는 서로 조화를 맺으며 상존한다. 비록 이 서사작품은 장르 구분상 알레고리 문학의 범주에 속하진 않지만 다양한 인물 유형을 포함하여 당시 사회에서 실질적으로 유효했던 가치관이나 윤리관이 직접적으로 묘사되고 있다는 점에서 사실적 가치가 매우 높다고 본다. 사회 · 문화적 견지에서 이 작품은 상류층 인물들(칼리스토, 멜리베아 등)에 관한 이야기인 동시에 그들을 둘러싼 하류계층(셈프로니오, 파르메뇨 등)에 관한 이야기가 작품 전반에 걸쳐 양면적 서사구도를 이루고 있다. 다른 식으로 표현하자면 이 두 가지 내부 구도는 귀부인을 사랑하는 기사의 심정을 노래하는 궁정식 사랑을 담은 중세적 언어와 당시 사회의 저급하고 황금만능적인 실상을 적나라하게 담아 낸 실재적 언어 이 두 가지 언어를 기반으로 이루어진다. 이야기가 전개되는 가운데 이 두 종류의 언어는 공존과 충돌을 번갈아 가며 존재하고 어느 한 쪽이 다른 한 쪽을 간섭 혹은 지배하는 경우가 발생하기도 한다.

셈프로니오가 여성에 관한 폄하 발언을 하며 자신의 편견을 장황하게 피력할 때 그의 주인인 칼리스토는 멜리베아의 아름다움과 상류층으로서의 고상함을 기억하며 봉건적 · 보수적 사랑의 관념에 사로잡히게 된다.

칼리스토 그렇지만 멜리베아의 사랑만큼은 희망이 없어. 셈프로니오, 네가 그렇게까지 나를 추켜올려 세워 주지만 멜리베아는 비교도 안 될 만큼 뛰어나지. 그 고상함, 위대한 집안, 엄청나게 많은 유산, 뛰어난 지혜, 눈부시게 고귀한 선덕, 건방져도 괜찮을 만한 아름다움, 이 아름다움에 대해 네게 한마디 해야겠구나. 그래야 위안이 있지 않겠어? 지금 말하려는 것은 내가 말로 표현할 수 있는 범위 내에 있는 것뿐이야. 더 심오한 것은 내 표현력이 허락하지 못할 것이라 믿어. 하지만 이 문제에 대해 우리가 다툴 필요는 없다고 봐.(ed. Severin, 1987, 53-54쪽)

셀레스티나가 멜리베아를 처음 찾아가 칼리스토에 관하여 얘기했을 때 멜리베아는 뚜쟁이의 수작으로 말미암아 자기 집안의 명예를 더럽힐 수 있다는 생각을 하며 노파의 흉계를 강하게 질타하게 된다. 이 부분에서 사랑의 감정보다 더 중요한 것이 집안의 명예라고 판단하는 멜리베아의 뇌리를 지배한 것은 동시대에 유효한 실재적 · 진보적 가치관이라기보다 중세 봉건사회의 계급적·보수적 사랑의 관념일 것이다.

멜리베아 아직도 내 앞에서 내 화를 배가시키고 당신의 죄를 두 배로 만들려고 이빨 사이를 중얼거리고 있는 거요? 한 정신없는 인간을 살리기 위해 나의 솔직함을 벌하기를 원하시오? 그 인간을 즐겁게 해 주려고 당신은 나를 도탄에 빠뜨리고, 그리고 나를 망친 대가로 이익을 챙기고 나의 실족에 대한 보상을 갖겠다는 거요? 당신 같은 저주스러운 노파의 명예를 세워 주기 위해 내 아버지의 집안과 명예를 짓밟고 파괴시키겠다는 거요? 내가 당신의 음흉한 의도를 모르고 당신의 그 발칙한 말을 이해 못할 것 같으시오? 당신이 이 짓거리로 받을 보상은 신에 대한 능멸이며 당신의 종말을 알리는 일임을 분명히 확인시켜 주겠소. 배신자여, 대답해 보시오. 어떻게 감히 이런 일을 꾸밀 엄두를 낼 수 있었소?(*Ibid.*, 95-96쪽)

작중인물들 간의 대화를 토대로 계층 간의 거리감이 결코 가깝지 않게 느껴지는 않은 것이 사실인 한편 이 극작품의 결론부에 가서 멜리베아의 죽음 앞에 선 플레베리오가 드러내는 자신의 심정은 사회계급과는 하등의 관계가 없이 딸을 죽음으로 이끈 사랑을 원망하는 내용으로 전개된다. 플레베리오는 자기 딸의 죽음을 사랑으로 인한 불공평한 대가로 돌리며 사랑의 잔인함과 인생의 허망함을 아래의 예문과 같이 독백 형식으로 논한다.

내가 오늘 잃은 것은 그 누구의 경우와도 비교되지 않구려. 비록 상처를 입은 아들을 자기 팔로 안아다가 배에서 바다로 던졌던 아테네인들의 공작, 람바스 데 아우리아의 강한 용기와 상통하는 점이 있다고 할지라도 말이요. 이들은 모두 죽었기에, 삶을 앗아갔다면 그것은 명예를 지키기 위한 강요된 죽음이 아니겠소. 사랑의 강력한 힘이 아니라면 누가 내 딸이 사망하도록 만들겠소? 간사한 세상아, 내 지친 노년기에 어쩌면 좋겠니? 넌 너의 거짓과 오랏줄, 속박, 올가미로 우리의 연약한 의지를 낚시질하면서 어떻게 너와 함께하자고 강요할 수 있니? 내 딸을 어디로 데려간 거지? 내 쓸쓸한 집에 누가 살 건지? 꺼져 가는 내 나이를 누가 선물로 받으려 할지? 아 사랑, 사랑아 너에게 딸린 이들을 살해할 수 있는 힘과 능력이 네게 있는 줄 몰랐구나! 네가 피운 화염의 중심에서 내 젊은 시절에 상처를 입었었지. 내가 도망치도록 풀어 주었던 것은 결국은 노년에 와서 내가 그 대가를 지불하도록 만들기 위함인가? 내가 마흔이 된 지금, 나의 배우자인 아내에게 만족을 한 시기이자 네가 나로부터 앗아간 결과를 보게 된 오늘이 시점까지 나는 너의 손아귀에서 벗어났다고 확신했었지. 부모에 대한 복수를 자식에게 할 줄은 몰랐구나. 칼에 베이지도 불에 타지도 않는 것이 너 아니더냐? 옷은 가만히 놔두고 가슴만 아프게 하는구나. 너는 추한 이를 사랑하게 하고 아름답게 보이도록 만들지 않느냐? 누가 네게 그런 능력을 주었지? 너에게 그런 과분한 이름을 누가 지어 주었느냐? 네가 진정 사랑이라면 너를 모시는 자들을 사랑해야 하는 거잖아? 그들이 행복하게 살아간다면, 사랑스런 내 딸에게 그랬듯이 그렇게 그들을 해쳐서는 안 되겠지. 너를 모시는 자들과 그들의 지도자들이 어디에서 추락했던가? 가짜 뚜쟁이 셀레스티나는 독살스럽게 너를 모시려다가 결코 알아보지 못한 신실한 동료들의 손에 살해되었으며, 그들은 교수형에 처해졌지. 칼리스토는 떨어져 죽었단다. 내 서글픈 딸은 그를 따르려고 똑같은 죽음의 길을 택했지. 이 모든 것을 네가 만들었구나. 그들은 너를 다정히 불렀지만 너는 쓰라린 행동만 하는구나. 너는 합당한 보상을 해 주지 않아. 한결같지 않은 법은 사악한 것이지. 네 목소리는 즐겁지만 네 행위는 슬픔을 주는구나.(*Ibid*., 233-234쪽)

플레베리오가 딸의 죽음을 슬퍼하며 서술하는 장황한 독백에서 이 작품의 핵심적인 메시지가 생성된다. 적어도 딸의 죽음에 대한 원인은 사회계급의 격차와는 무관한 것이다. 또한 그가 셀레스티나의 흉계를 비난하는 구절에서도 마찬가지로 환경에 탓을 돌리지 않으며 그녀의 저급한 행동을 질타하는 방향으로 현상을 해석한다. 작품의 결론부에서 작가는 사회계급의 차이로 인해 발생할 수 있는 불행의 가능성을 모두 배제하고 슬픔의 원인을 사랑의 본질 다시 말해 남녀 간의 연애 감정에서만 찾는다. 이는 문학 텍스트 속에서 굳어진 남녀사랑의 개념과 함께 사회계급에 관한 인식이 《라 셀레스티나》와 같이 중세와 르네상스의 양면성을 띤 작품 속에서 점차 해체되어 나타난다는 사실로 이해할 수 있다. 중세문학에 나타난 봉건 체제의 보수적 관념은 실제 사회의 것을 그대로 모방해 왔을 수도 있지만 많은 경우에 문학 전통 속에서 일종의 토픽으로 자리잡아 온 문학적 소재를 사용했을 가능성 또한 상당히 높다고 본다. 유사한 작품의 예로써 중세 라틴문학 속의 서사작품인 《팜필루스》(*Pamphilus De Amore*)나 중세 트로바도르들의 수많은 연애시를 생각해 볼 수 있다. 아르놀트 하우저(1999, 1권)는 기사 연애의 허구성을 설명하는 가운데 '서구 중세에 전승된 문학방법론과 궁정식 풍습의 구속력이 너무나 커서 시인들이 어떤 여성을 실제로 염두에 두었다기보다 어떤 내면적 가치에 대한 추상적인 이상형을 그렸으며 시인의 정열적인 감정은 문학적 인습을 따른 허구에 불과하다'고 언급한 적이 있다. 만약 어떤 문학적 토픽이 현실성을 상당 부분 굴절시키거나 상실하여 지나치게 이상화된다면 이는 문학작품 속의 세상과 실제 세상 간의 거리감 증대로 나타날 가능성이 높다.

이 작품들을 토대로 스페인 중세사회에는 엄격한 봉건적 사회계층구조와 그에 따른 관념 체계가 오랜 세월에 걸쳐 뿌리 깊게 존재했었던 것이 확실해 보인다. 왕을 중심으로 한 최고 권력층, 고급 기사가 중심이 된 귀족층, 그 이외 사회 대부분을 차지한 평민계층이 수직적 사회조직을 구성했으며 동시에 가톨릭 사제 계층이 또 다른 고급 권력층의 한 부류를 이루고 있었다. 호이징가가 《중세의 가을》에서 말했듯이 '중세의 사고는 종교적 개념으로 가득 차 있었으며 또한 당시의 기사단은 하나님을 에워싼 천사들의 찬양대를 모형으로 하는 지상의 군대'였다.(cf. 호이징가, 1999, 79쪽) 고급 기사들은 지상의 절대적인 권력을 보좌하는 계층인 만큼 그 권력은 원칙적으로 막강했었던 것으로 판단된다. 이에 대한 구체적인 한 예로 《엘시드의 노래》에서 카리온의 왕자들이 보여 준 오만함과 윤리적으로 모순된 행위들도 근본적으로 중세의 봉건적 관념에 의해 정당성을 부여받고 있다고 볼 수 있다. 당시 사회 상류층은 비록 현실에서 부당한 행위를 저질렀을지라도 신의 대리자인 가톨릭 사제로부터 사회계급과 그에 부합하는 권리를 동시에 제공받았기 때문에 항상 자기 변론의 기회와 절대적인 권력을 소유하고 있었다.

한편, 이 책에서 거론된 문학 텍스트들을 포함하여 다수의 중세 알레고리 픽션에서 볼 수 있듯이 당시 봉건적 질서가 확고했던 반면에 그러한 엄격한 봉건적 사회관념이 항상 고정된 혹은 제한적인 방식으로만 적용되지는 않았던 것 또한 확실해 보인다. 상위계층이 하위계층과 수직적 논쟁을 벌이거나 사제와 귀족이 수평적 대결을 벌이는 가운데 때로는 어느 한쪽이 다른 쪽을 능가하거나 때로는 양측이 팽팽한 말씨름을 벌이며 작품이 종결되는 등 다양한 양상들로 전개된다. 이 책에서 살펴보았던 《마리아와 엘레나》, 《질문》, 《세 가지 색상들의 대화》 등은 바로 이러한 기존 봉건적 관념에 대한 저항적 의식을 살펴볼 수 있는 중요한 텍스트라고 생각한다.

더욱이 이러한 반봉건적 · 반상류적 경향이 18세기 이후 본격적으로 형성된 스페인 문학사에서 핵심적으로 거론되어 온 다수의 중세문학 정전 텍스트 속에 내재되어 오늘날까지 전승되어 왔다는 사실에 주목을 기울일 필요가 있다고 본다. 이는 사실상 스페인문학에 반영된 중세사회가 서구의 봉건 계급체제에 단순히 순종적이지만은 않았을 것이라는 가설의 수준을 훨씬 넘어 오히려 매우 저항적이었을 가능성으로도 해석해 볼 여지가 충분히 있다. 어떤 면에서 이는 중세시대 이후 현재까지 권좌를 유지해 온 카스티야 왕조 중심의 권력 체제에 대한 일종의 도전이나 위협과 관련된 내용으로 볼 수 있을 만큼 그 표현의 강도가 결코 약하지 않다. 예를 들어 마시아스 엘 에나모라도(Macías el Enamorado)가 페드로 1세(Pedro I)의 잔혹함을 비판하는 알레고리 시 작품(ed. González Cuenca, 1993, 548, 308번 작품)이나 후안 데 메나(Juan de Mena)가 후안 2세에게 봉헌한 《운명의 미로》(*Laberinto de Fortuna*, 1444)에서 동시대 부패한 지식인이나 종교인을 비평하는 맥락에서 기존 중세 봉건적 질서에 대한 환멸과 도전이 배어 있다고 볼 수 있다.

스페인 중세문학 텍스트에서 발견할 수 있는 이러한 봉건적임과 동시에 반봉건적인 양면성을 단순히 몇 가지 정황으로 설명하기란 쉽지 않다. 하지만 적어도 그들의 중세사회는 절대적인 봉건체제의 지배를 받음과 동시에 푸에로(fuero)와 같은 비시고도시대부터 전해 내려온 지방자치법이 강력한 지배원리로서 공존했다는 사실을 기억할 필요가 있다고 본다. 기독교 내부 지역 간의 헤게모니 경쟁이나 동일한 왕조 내부의 권력다툼, 중앙과 지방의 끝없는 대립 등과 같은 지배와 피지배 간의 다양한 대립 양상에 대한 역사적 사례들을 충분히 찾아볼 수 있다. 또 다른 시각에서《라 셀레스티나》는 본질적인 사랑의 힘이 봉건적 고정관념을 능가하는 자극제로 작용할 수 있다는 사실을 문학을 통해 증명했다고 볼 수 있다. 결론적으로 스페인 중세사회는 실질적인 문학 정전 텍스트에 대한 분석에 기초할 때 결코 봉건체제의 계급논리만으로는 설명될 수 없으며 다양한 세계관과 가치관에 기초한 여러 동력원들에 의해 사고와 행위가 결정되었다는 사실을 인식할 필요가 있다고 본다. 이러한 가변성은 강압적이고 모순적인 전통 체계를 문학을 통해서 일탈하고자 하는 스페인 중세 작가들의 자유의지에 의하여 더욱 가중되었을지도 모른다. 때로는 도덕적인 이유에서 때로는 순수한 사랑의 동기에 의해서 때로는 불분명한 개인적인 이유로 스페인 중세문학 속의 사회계층은 봉건주의에 입각한 절대 불변의 관념으로 표현되지는 않았다는 것이 확실하다.

제4장

선과 악의 상대적 표현에 반영된 정치성

스페인 중세사회에 있어 선과 악은 종교적 차원에서 보나 사회 · 문화적 관점에서 보나 어떤 가치가 논의되거나 확립되는 과정에서 거의 필연적 조건이라고 말할 수 있을 만큼 파급효과가 큰 개념이다. 선과 악은 보편적 논리 진행의 한 전형인 변증법적 대립 구도의 형성을 위한 전통 기본 관념으로 인식되어 왔다. 이 중에서 특히 악은 교육적 차원에서 그 자체로 올바르지 못한 것이라고 볼 수 있지만 문학 속에서는 또 다른 기능적 측면, 즉 선에 대한 개념적 완성을 위해 필요하다는 나름대로의 정당성을 갖는다. 선과 악의 중세적 의미는 기독교에 근거한 서구의 전통 윤리체계에 바탕을 두고 있다고 볼 수 있겠다. 하지만 스페인 중세 서사체가 개인화 · 현실화되는 경향이 두드러지기 시작하는 14세기 중반 이후에는 알레고리 문학을 포함한 문학 전반에서 선과 악의 개념이 절대성을 탈피해 가는 한편 작가 개인의 상황에 따른 상대적 의미로 변화해 나간다는 사실을 염두에 둘 필요가 있다.

1400년 이후 기록된 중세 알레고리 논쟁 속에서 자주 발견되는 선과 악의 이분법적 체계는 어떤 절대적 논리에 의존하기보다 작가 개인의 시각에 따라 주관적으로 표현되는 경우가 많은 것이 사실이다. 15세기 알레고리 서사체에 반영된 선과 악은 더 이상 가톨릭 신학과 같은 불변의 진리에 의존하지 않고 작가 개인의 윤리관이나 정치적 상황에 따라 그 심층적 의미가 결정된다는 것이다. 예를 들어 《카스티야의 후안 2세의 탄생에 바치는 글》(*Deçir al nacimiento de Juan II, Micer Francisco Imperial*, 1405), 《오만과 신중의 논쟁》(*Proçesso entre la Soberbia y la Mesura, Ruy Páez de Ribera*, 1408), 《폰사의 희극》(*Comedieta de Ponza, Marqués de Santillana*, 1436), 《운명의 미로》(*Laberinto de Fortuna, Juan de Mena*, 1444) 등과 같은 당시의 대표적인 서사작품들이 말하는 바르고 그르다는 것은 작가 개인의 상황에 따른 매우 정치적이고 유동적인 개념이다. 예를 들어 작가와 뜻을 같이하는 세력들이 선한 편으로 해석되는 한편 그와 반대인 경우 특히 정치적 숙적들은 악의 무리로 분류되는 것이 일반적 추세였다고 할 수 있다.

1. 《카스티야의 후안 2세의 탄생에 바치는 글》(*Micer Francisco Imperial*, 1405)[13]

현존 자료를 토대로 볼 때 미셀 프란시스코 임페리알은 이탈리아 제노

13 후안 알폰소 데 바에나는 자신의 가요집을 편집하는 과정에 프란시스코 임페리알의 이 작품에 대한 제목을 "이 데시르는 제노바 출신이며 아주 고결한 도시인 세비야에 살고 있는 미셀 프란시스코 임페리알이 1405년 또로 시에서 태어나신 우리의 왕이신 돈 후안의 탄생을 기릴 목적에서 우아하고 섬세한 시작법과 문체로 지은 작품입니다"라고 지었다.

바 출신으로 스페인 남부의 세비야에 살며 훗날 카스티야의 해군 부제독(vicealmirante de Castilla)을 지냈으며 동시에 시인으로 활동을 한 사실이 확인된다. 그는 중세적 문학방법론과 르네상스 인문주의 경향이 교차할 시기에 그 경계선상에 놓인 작가라고 할 수 있다. 그의 문체는 한편으로 이탈리아를 비롯한 많은 외국 작품들을 모방하면서 또 다른 한편으로는 이베리아 반도 전통 문학의 맥을 전승하였다. 프란시스코 임페리알은 외국 작품에서 배워 온 수많은 비유와 상징을 그대로 적용시키지 않고 카스티야 고유의 기법 및 시어와의 조화를 통하여 자신의 현재적 상황을 표현하기 위한 수단으로 소화시켰다는 점에서 매우 의미가 깊다. 이 작가에 대한 연구는 최근 반세기 동안 유명 학자들(즉 Lida de Malkiel 1977; Lapesa 1953, 1960; Clarke 1961, 1963; Morreale 1967; Nepaulsingh 1977; Gimeno Casalduero 1987, etc.)에 의하여 지속적으로 발전해 온 것이 사실이지만 보존된 작품들에 대한 해석과 비평에 있어 아직도 다양한 연구의 가능성이 남아 있다고 본다.

칠백 년이 두 번 지나고 이 년과 삼 년이 흐르고
세 번째 달의 첫째 금요일이 되었을 때
태양의 서광이 지나면서 낮이 찾아왔을 무렵
꿈을 꾸고 있었는지 잠을 자고 있었는지,
출산 중에 있는 마님으로부터 고음으로 흘러나오는
"오 아름다운 마리아님이시여"라고 말하는 소릴 들었다.
세 번째 산통을 겪고 네 번째가 찾아왔을 때

"축복해 주소서 마리아님, 저의 희망이시여"라고 말했다.
(ed. González Cuenca, 1993, 255-256쪽)

첫 번째 연에서 작가는 작품의 역사적인 시간적 배경과 후안 2세가 태어나는 과정을 그 옆에서 실제로 관찰하는 듯이 상황을 묘사하고 있다. 그 다음 내용에서는 상황이 바뀌어 비현실적인 환상 속으로 돌입하고 알레고리적 묘사가 이어진다. 특히 그 새로운 속이야기는 아래와 같은 천국의 배경(locus amoenus)에 대한 묘사로 시작한다.

내가 두 눈을 열었을 때 나는 어떤 평원에 있었다.
빛나는 장미와 향기로운 꽃,
그리고 초록빛 월계수로 오목하게
둘러싸여 있었으며, 두 줄기의 샘물이 합쳐져
하나의 시냇물 줄기가 형성되었다.
한 줄기는 뜨거운 물, 또 다른 줄기는 차가운 물이었는데
한 쪽이 다른 쪽과 섞이지 않았으며,
이와 같은 다른 경우를 내 눈으로 본 적이 없었다.

[…]

말소리가 들리는 쪽을 따라 걸어갔고.
평원 중간에서 꽃향기를 맡으며
소나무 그늘 속의 샘 밑쪽으로 발을 옮겼다.
그리고 가까운 재스민 꽃에 둘러싸여
아주 얌전한 소 한 마리가 들어오는 것과

사자 한 마리가 그 위에 앉아 있는 모습을 보았다.
주인마님의 머리에는 왕관이 씌워져 있었고
금빛 망토는 장식과 꽃으로 되어 있었다.
(*Ibid.*, 256-257쪽)

작가는 스페인의 한 도시인 토로(Toro, 소를 의미함)에서 태어난 후안 2세를 소로 그리고 그의 어머니이자 카스티야의 여왕인 돈냐 카탈리나를 사자로 묘사하며 그 실제 상황의 모든 주요 요소들을 알레고리적 개념 체계로 그 표현의 층위를 바꾸어 나간다.

나는 눈을 치켜세우고 허공을 바라보았다.
마님 얼굴의 형상을 갖춘 여덟 개의 별이 빛났다.
천사 같은 눈과 얼굴, 상냥함과 우아함,
그들이 있는 그곳에서
나는 여덟 명 마님의 여덟 얼굴을 보았다.
마님들의 머리에는 가공된 금과 보석으로
장식된 왕관이 놓여 있었는데
아주 생생한 샛별처럼 보였다.

가장 높은 곳에 있는 첫 번째 마님은
거대한 광채로 싸여 있었는데
그것이 불인지 다른 뭔지
그렇게 거대한 것은 본 적이 없었다.
저 색깔의 또 다른 모든 마님들은
소녀들로 둘러싸여 있었는데

그 같은 얼굴과 몸이 너무 혼잡해
미처 내 자신을 볼 수 없었다.

열두 하녀들의 하얀 얼굴을 보았다.
보석과 다이아몬드로 된 왕관들
섬광과 휘황찬란한 불꽃으로
두른 몸이 불과 얼마 안 되는 거리에 있었다.
서로를 에워싸고 있었고
여덟 명의 마님들이 뚫어져라 바라보았으며
여섯 명씩 나뉘어져 높은 소리로 조화롭게
"하나님을 찬양합니다"라며 함께 외쳤다.

그들은 그런 식으로 찬양을 마쳤으며
그 뒤를 따라 또 다른 소녀들이
"성자여 오소서"라고 말하며 혼신을 다해 찬송하였다.
일반 사람에게는 들리지 않았으나
나는 그 노래 소리를 정연히 들었다.
"하나님, 당신의 공정함을 왕에게 베푸소서."
레-미-레-라-솔-미-파의 음률이
불안하던 소리가 가까워질수록 선명히 들렸다.

오리엔탈 사파이어로 된 부분을 더 자세히 쳐다보니
글자를 보게 되었는데, 첫 번째 마님의
왕관에서 아주 명확한 아래 내용을 읽었다.
"나는 토성이요", 그리고 다른 쪽에는
"목성"이라고 쓰여 있었고, 세 번째에는 "화성"으로
그 다음은 "태양", "금성", "화성", "달"로 쓰여 있었다.

그런 식으로 따라가다가 마지막 부분에는
"운명"이라는 글자가 쓰여 있었다.
(*Ibid.*, 257-257쪽)

작가의 시각에 포착된 여덟 행성은 일곱 개의 선덕(믿음, 소망, 사랑, 강의, 충의, 절제, 정의)과 운명을 각각 상징한다. 특히, 월광천, 화성천, 수성천, 목성천, 금성천, 토성천, 일광천에 해당하는 일곱 행성 체계는 단테의 《신곡》 중 〈천국〉편을 구성하는 알레고리 체계와 거의 동일하다. 아래 연에서 보듯이 작가 임페리알은 단테의 작품을 잘 알고 있었던 것으로 보인다. 한편 이 일곱 행성이 구성하는 알레고리적 체계는 훗날 또 다른 시인인 후안 데 메나(Juan de Mena)가 기록한 《운명의 미로》(1444)의 서사구조로도 적용된다.

궁중회의나 교황선거회의와 같이
높은 분들이 연설하기를 원하실 때처럼
모든 낮은 사람들은, 새들이
지저귀고 노래하는 행위를 완전히
중단하듯이 말하기를 멈추었다.
그러자 소녀들이 아주 부드러운
소리로 자신의 생각을 말하기 시작했다.
아폴로 신이시여, 과중한 상황이니 저를 도와주소서.

단테조차도 그렇게 큰 차분함은
어두운 림보를 탐색하던 중이나,

그리스 석학의 학교에서 지낼 때 혹은,
만투아 시인과 함께 시를 지을 때에도 보지 못했다.
높은 곳에 있는 행성(토성)이 목성과 함께
괴물같이 나에게 모습을 드러내고
부드러운 목소리로 말하기 시작했으니,
내가 이제부터 시 구절로 읊어 가겠소.

그녀가 말하기를, "여러분, 왕자께서
태어나실 때가 아직 도래하지 않았습니다.
우리의 넉넉한 선한 마음으로
품위를 지키도록 합시다.
나의 소녀들이 단합하여
모든 그들의 행동이 완벽하게 수행되고
부산한 머리 상태가 되지 않도록
더욱 노련하게 앞을 보고 갑시다.

오래 살고 긴 날을 즐기소서.
도시와 마을을 만드는 건축가여,
내 소유인 모든 대지를 그대에게 주리니,
위대한 현자였던 에우클리데스보다도
귀품이 있는 궁전을 가꾸는 일꾼이 되소서.
나는 그에게 나의 소녀인 충의(忠意)를 선물하고자 합니다.
그의 중요한 집사가 될 것이며, 그는 그녀와 같이
의심할 여지없이 가장 위대한 제작자가 될 것입니다."
(*Ibid.*, 257-258쪽)

프란시스코 임페리알이 1405년에 기록한 이 작품에서 의인화된 일곱 선덕들이 각자의 우위를 주장하며 서로 경쟁을 벌이는 형국으로 내용이 전개되는데, 이는 심층적으로 일반적 도덕 담론이라기보다 작가의 정치적 야망, 즉 일곱 선덕을 터득한 후 훗날 후안 2세가 카스티야 내부의 반대 세력과 이교도인 무슬림들을 물리치고 카스티야의 왕으로 등극하기를 바란다는 전략적 메시지가 숨어 있다. 한편 작가 자신의 불리한 현실적 상황을 암시하는 작품의 마지막 구절을 기억할 때 이미 라파엘 라페사(1953)가 지적한 바 있듯이 프란시스코 임페리알의 이 서사작품에는 어떤 정치적 주관성이 결부되고 있다고 볼 수 있다.

> 신중히 나에게 말했다. "친애하는 친구여,
> 왕자에게 다가가 그의 손에 입을 맞추렴."
> 그러나 나는 그렇게 할 수 없었다. 왜냐하면
> 과수원 주인이 나를 화원 밖으로 추방했기 때문이다."
> (*Ibid.*, 265쪽)

2. 《오만과 신중의 논쟁》(*Ruy Pérez de Ribera*, 1408)

프란시스코 임페리알과 같이 이탈리아 초기 르네상스 시풍을 이어받은 대표 시인으로 스페인 남부지역 출신인 루이 파에스 데 리베라를 생각할 수 있다. 그가 한창 활동하던 1400년 전후의 정세는, 알폰소 10세(Alfonso X) 이후 자연스럽게 이어지던 카스티야 왕계를 살육전을 통해 찬탈한 트라스타마라 왕조(Dinastía de los Trastámara, 1369-1405)의 도덕성에 관한 논의로 큰 진통을 겪고 있었다. 트라스타마라 왕조는, 당시 포악하기로 유명했고 귀족들에게 경계의 대상이었던 카스티야의 왕 페드로 1세(Pedro I el Cruel)가 그의 숙적인 아라곤의 페드로 4세(Pedro IV el Ceremonioso, 1336-1387)와 결탁한 이복동생 엔리케 2세(Enrique II, 1369-1379)에게 갑자기 시해당한 사건의 여파로 형성되었으며, 이후 엔리케 2세의 아들인 후안 1세(Juan I, 1379-1390)와 그 손자 엔리케 3세(Enrique III, 1390-1406)를 이은 총 삼 대에 걸쳐 36년간(1350-1369) 존속했다. 이 왕조의 정통성에 관한 논란은 엔리케 2세의 손자인 엔리케 3세와 영국에서 태어난 페드로 1세의 손녀 카탈리나(Doña Catalina)가 왕실의 화해 속에 결혼식을 올리면서 일단락되었다. 더욱이 이들 사이에 태어난 후안 2세(Juan II, 1406-1454)가 왕위에 등극한 뒤 트라스타마라 왕조는 과거 카스티야의 알폰소 현왕(Alfonso el Sabio)의 왕계와의 이음새를 자연스럽게 회복할 수 있게 된다. 1406년 이후 비록 카스티야의 정치는 안정되었지만 피로 얼룩진 과거의 왕위 다툼으로 인한 상처는 여전히 당시 지식인들의 기억 속에 남아 큰 윤리적 쟁점으로 존재한다. 특히 트라스타마라 왕조의 모순성에 대한 비평은 많은 15세기 궁정 시 작품에 새겨져 오늘날까지 전해 오는데,[14] 그중 한 대표적인 예가 바로 우리의 분석 대상인 파

14 트라스타마라 왕조가 통치하던 14세기 후반기를 윤리적으로 암울한 시대로 규정하고 그의 비정통성을 고발하는 작품은 《바에나 가요집》에서 상당수 발견된다. 대표적인 예로, 알폰소 알바레스 데 비야산디노(Alfonso Álvarez de Villasandino)의 34번 작품(ed. Dutton y González Cuenca, 1983, 51-53쪽)과 프란시스코 임페리알의 226번 작품

에스 데 리베라의 《오만과 신중의 논쟁》이다. 이 알레고리 작품은 두 명의 처녀로 의인화된 두 도덕관념 즉 '오만'(Soberbia)과 '신중'(Mesura)이 어느 아름다운 초원에서 만나 트라스타마라 왕조의 정치적 당위성에 대한 여부를 놓고 장황한 논쟁을 벌일 때 심판관인 '정의'(Justicia)가 나타나 '신중'의 승리를 결정하고 더불어 갓 태어난 후안 2세의 안녕무사를 기원한다는 내용을 담았다.

루이 파에스 데 리베라가 적용시킨 알레고리의 개별성과 그 역사적 의미를 파악하기 위해 우리는 텍스트를 보다 면밀히 살펴볼 필요가 있다. 먼저 이 작품은 통시적 관점에서 스페인 중세의 알레고리 픽션으로 분류될 수 있는 한편, 공시적 관점에서 볼 때 15세기 카스티야 궁정시의 한 장르인 데시르 나라띠보(decir narrativo)의 범주에 속한다.[15] 작품에서 관찰된 다양한 특성들, 즉 전통 토픽(i.e. locus amoenus, locus eremus, etc.)을 통한 공간배경 설정, 의인화된 개념들 간의 계급구조 형성, 인물들 간의 대화나 논쟁을 서술의 맥으로 이용한 점 등은 모두 스페인 중세 알레고리 문체의 전형적 요소들이라고 할 수 있다. 작품의 첫 단락에서 화자는 다음과 같이 서술하며 공간 배경과 주요 인물들의 외관을 묘사한다.

(*ibid.*, 255-265쪽)은 카스티야 정통 왕위를 계승한 후안 2세의 탄생으로 인해 트라스타마라 왕조가 종식되고 새로운 단합의 시대가 온 사실을 찬양한다.

15 《오만과 신중의 논쟁》의 제목이 뜻하는 프로세소(proçesso)는 프로방스 시풍의 영향을 받은 스페인 음유시인들(travadores)이 1400년을 중심으로 즐겨 사용하던 서사체의 한 종류로서 넓은 의미에서 스페인 15세기 픽션의 한 조류인 '데시르 나라띠보'의 영역에 포함된다.(cf. Baik, 2003, 37-39쪽)

어느 넓고 아름다운 초원에서
내가 환희를 만끽하고 있을 무렵,
푸른 들판에서 대화를 나누는
범상치 않은 두 처녀를 보았다.
한 명은 붉은 비로도 옷차림에
작은 루비로 장식한 왕관을 쓰고
휘황찬란하고 예리하게 날이 선
검을 오른손에 쥐고 있었다.

또 다른 한 명은, 가죽 안감을 댄
탐스러운 리본과 고상한 은빛
테두리로 마무리한 망토를 입고,
그녀의 머리에는 작은 진주와
작은 에메랄드 왕관을 썼는데,
어투에 품위와 소박함이 있었다.
나는 그들을 보기 위해 다가갔고
옅게 상기된 얼굴을 보았다.
(*Ibid.*, 492쪽)

이 작품에 응용된 기법들 중 일인칭 자전적 화자의 출현과 의복이나 장신구에 대한 장식적 묘사, 다양한 층위의 상징어 사용 등은 스페인 15세기 알레고리 픽션에서 자주 관찰되는 요소들이다.[16] 특히 파에

16 비록 이야기의 외적 규모나 전개 방식에서 크고 작은 차이가 남에도 불구하고 우리는 이 픽션과 유사한 알레고리 문체로 쓰인 작품들을 카스티야 15세기 가요집에서 상당수 관찰할 수 있다.(cf. Baik, 2003, 31-36쪽)

스 데 리베라의 알레고리 문체에는 프로방스 시풍(i.e. *Roman de la Rose* de Guillaume de Lorris)의 정교한 장식성과 이탈리아 인문주의 문학(i.e. *Triunfi* de Francesco Petrarca)의 역동적 전개방식의 영향을 직접적으로 받은 것으로 판단된다.[17] 작품에서 서술자이자 동시에 주인공인 일인칭이, 예기치 않은 장소에서 화려한 의상을 입은 두 처녀가 얘기를 나누는 광경을 목격하고 관심을 가진다. 아래의 인용 구문에서 보듯이, 일인칭 화자가 그들에게 다가가 누구냐고 물었을 때 한 처녀가 자신의 이름과 성격을 밝히며 다음과 같이 응답한다.

내 이름은 '오만'이라고 하오.
나는 세상에서 큰 권력을 잡아
나의 광채를 모두에게 내비치면
모든 사람들이 내 편을 든답니다.
(*Ibid.*, 493쪽)

'오만'이 자기소개를 한 직후 그의 숙적이자 경쟁자의 역할을 맡은 '신중'이 아래와 같이 말하며 자신의 속성을 밝힌다.

친구여, 나는 '신중'이라고 하오.
착한 이들이 항상 사랑해 준 덕에

17 본문에서 언급한 기욤므 드 로리스와 프란시스코 페트라르카 이외에도 단테 알리제리와 지오반니 보카치오는 15세기 카스티야 문인들에게 잘 알려진 시인들이다.(cf. Schiff, 1905)

모든 기쁨에서 멀어져 살아가지요.
(*Ibid.*, 493쪽)

14세기 이전에 쓰인 카스티야 전통 알레고리 작품들과 마찬가지로 파에스 데 리베라의 작품에는 주요 개념들의 의인화와 그들 간의 계급구조 설정과 같은 요소들이 존재한다. 구체적으로, 작품에서 오만은 악의 상위 개념으로서 자신에게 속한 여섯 가지 악덕(Luxuria, Gula, Embidia, Codiçia, Vanagloria, Açidia)을 고백하는 한편, 신중은 여덟 선덕(Paz, Concordia, Bondat, Temor, Misericordia, Amor, Paciençia, Caridat)을 자신의 시녀로 둔 사실을 밝힌다.(vv. 41-42, 83-85) 한편 이 전통 알레고리 문체의 이면에 파에스 데 리베라의 개별성은, 과거 36년간 지속되었던 트라스타마라 왕조에 관련한 역사적 현실을 작품에서 직접 거론했다는 점에서 찾을 수 있다. 여기서 우리는 오만과 신중을 어떤 보편적 도덕가치에 대한 결정체로 인식하기보다 역사 속에서 실존했던 두 정치관에 대한 비유로 보는 것이 더 바람직하다고 본다. 이러한 맥락에서 이 작품은 전통 알레고리 문체가 카스티야 15세기 문학 속에서 추상 개념들을 조합하는 데 그치지 않고 현실의 문제점을 표현하는 수단으로 변용되었음을 보여주는 구체적인 사례가 된다.

본문에 표현된 '오만'과 '신중'은 14세기 후반 카스티야의 권력 주체인 트라스타마라 왕조의 정통성을 둘러싼 찬양론과 비판론에 대한 극단적인 대변자들이라고 할 수 있다. 여기서 오만은 엔리케 2세의 왕위계승에 대한 필연성을 인정하고 그로 인해 세상의 모든 질서가 뒤바뀐 사실을 긍정적으로 받아들인다. 한편 신중은 트라스타마라 왕조를 정통성이 결여된 권력체로 이해하고 엔리케 3세와 후안 1세, 엔리케 4세를 이어 지속해온 지난 36년간의 세월을 카스티야 역사의 쇠퇴기로 해석한다. 아래 예문에서 보듯이 작품에 나타난 신중의 항변을 통해 우리는 당시 작가가 가진 문제의식을 엿볼 수 있다.

마님[정의]께 이제 말씀드리지만,
제 생각에 [오만이] 건방진 태도로
우리가 모든 힘을 소모하도록 한 지
근 40년의 세월이 흘렀습니다.
그는 우리가 정의롭지 않기를 원하며
올바름을 자신의 전유물로 만들지요.
우리들 모두가 이런 식으로 끌려와
곧 파멸당할 위기에 처해 있습니다.
(*Ibid.*, 495쪽)

지난 36년간 카스티야 사회에 만연했던 부도덕성을 비판한 신중의 말을 받아 이번에는 오만이 트라스타마라 왕조의 건립이 법적으로 전혀 하자가 없다고 주장하면서 다음과 같은 변론을 늘어놓는다.

고리대금업과 폭력, 강도짓과 약탈,
또 금방 드러나는 그 이외 부도덕한
행위를 규정한 민법에 의거할 때,

40년간 모든 것이 합법적이었습니다
비록 그녀[신중]가 자신의 케케묵은
고발장을 갖고 있지만, 법정을 소란케
하거나 그 잘못 제기된 부분으로 인해
제가 고통을 받아서는 안 되겠지요.
(*Ibid.*, 496쪽)

오만과 신중, 이 두 용어는 현재 우리가 분석하는 알레고리 픽션뿐만 아니라 카스티야 중세 문헌에서 지속적으로 언급되어 온 중요한 윤리개념이다. 예를 들어 7세기경에 이시도로 데 세비야가 자신의 《어원론》에서 신중(mensura)을 '문법에 있어 시간에 대한 적절한 조절'(I, 39)이라고 설명한 한편 오만(soberbio)은 '사실보다 더 과장할 때 생기는 의미'(IX, 248)라고 정의한 바 있다. 중세 후반에 들어 이 두 용어들 중 특히 신중(menzura)은 프로방스 문학의 영향을 직접적으로 받은 갈리시아 · 포르투갈 시에서도 자주 언급되는데 여기서 자비(clemencia)나 정의(justicia), 균형(equilibrio)에 대한 동의어로 사용되곤 했다.(Mussons, 1991, 180) 14세기 초반에 셈 톱 데 카리온(Sem Tob de Carrión)이 페드로 1세에게 봉헌한 작품으로 추정되는 《도덕 격언집》(*Proverbios morales*)에서는 오만(sobervia)이 '어떤 가치를 과장하는 행위'를 뜻한다고 가르친다.[18] 그와 비슷한 시기에 후안 루이스(Juan Ruiz)가 지은 《좋은 사랑에 대한 이야기》(*Libro de buen*

18 Cf. "Conoçe tu medida e nunca errarás,/ e en toda tu vida sobervia non farás".(ed. Díaz-Mas y Mota, 1998, 176) *amor*, 1330)에서는 신중이 '제정신'이나 '정확한 판단력'을 의미하는 한편 오만은 '어떤 횡포'라는 뜻으로 사용된 바 있다.[19] 종합해 볼 때, 오만과 신중은 문헌에 따라서 다소 차이가 날 수 있지만 적어도 스페인 14세기 중반까지는 주로 어떤 보편적 가치를 표현하기 위한 윤리 용어로 통용되었다고 할 수 있다.

한편 우리의 분석 대상인 파에스 데 리베라의 알레고리 픽션에서는 오만과 신중, 이 두 전통 용어가 이제 그 보편적 의미를 상실하고 작가 개인의 생각을 표현하기 위한 변증법적 정과 반으로 전용된 사실이 발견된다. 여기서 오만이 트라스타마라 왕조의 정통성을 인정하는 입장을 고수하는 한편 신중은 페드로 1세를 시해한 새로운 왕조의 비도덕성을 비난하는 편에 선다. 이 15세기 작품에서 신중이라는 선덕의 개념은 단순히 도덕적 올바름을 의미하는 것이 아니라 이제 상대적이고 유동적인 속성을 부여받아 작가 자신이 생각하는 바에 정당성을 부여하기 위한 수단이 된다. 이와 같이 한 보편적인 윤리 개념이 작가 개인의 시각을 옹호하기 위해 변용된 경우는 이 작품 이외에도 카스티야 15세기 알레고리 문학에서 자주 발견된다. 예를 들어 후안 2세의 왕실 서기였던 후안 데 메나(Juan de Mena)가 지은 《운명의 미로》(*Laberinto de Fortuna*, 1444)를 보면 일곱 가지 행성(*Luna, Mercurio, Venus, Febo, Marte, Saturno, Júpiter*)이 작품 전체에 배열되는데, 이들은 단순히 일곱 가지 윤리적 가치(castidad,

---

19 Cf. "el omne de mal seso todo tienpo, sin mesura"(74c); "mas el pueblo pequeño sienpre está temeroso/ que será soberviado del rico poderoso"(819b-c).(ed. Blecua, 1995)

avaricia, amor, prudencia, fortaleza, justicia…)를 상징하는 데 그치지 않고 동시대 카스티야 사회의 상류층에 속한 왕족과 귀족, 사제, 군인, 지식인 등의 이미지를 구체적으로 찬양하거나 비판하기 위한 서술의 틀로 사용된다.(Baik, 2003, 108-115) 또 다른 예로, 디에고 데 부르고스(Diego de Burgos)가 과거 자신의 상관이었던 산티야나 후작(Marqués de Santillana)의 죽음을 애도하기 위해서 작문한 《후작의 승리》(*Triunfo del Marqués*, 1458)를 보면 의인화된 다양한 윤리관념들(i.e. las siete virtudes, las nueve musas, etc.)이 언급되는데 이들은 모두 자신의 원래 의미에 밝히기보다 후작의 생애와 업적을 칭송하려는 목적성을 가진다.(ed. Castillo, 1882, 1, 209-264) 15세기 중반에 후안 로드리게스 델 파드론(Juan Rodríguez del Padrón)이 지은 《사랑의 십계명》(*Los diez mandamientos de amor*)을 보면 사랑하는 사람의 마음을 사기 위한 열 가지 덕목(prudencia, constancia, castidad, mesura, osadía, fama, riqueza, alegría, gentileza, franqueza)이 소개되는데, 이들 또한 전통적인 '사랑의 기술'(Ars amatoria)을 구성하는 세부 항목으로 설명되기보다 당시 카스티야 사회의 최대 과제인 국토회복전쟁(la Reconquista)의 실현과 왕실의 안녕을 추구하기 위해 필요한 작가 나름대로의 열 가지 제안 사항으로 이해가 된다.(*ibid.*, 371-375) 종합해 볼 때 카스티야 15세기 알레고리 작품에서 쉽게 관찰할 수 있는 도덕 용어들의 개인적 변용은 그 표현의 대상이 보편적 가치에서 점차 개인적 윤리관으로 옮겨 간 사실을 구체적으로 입증한다. 이러한 개인의 이성에 중심을 둔 새로운 사고방식은 결국 그에 어울리는 새로운 문체에 대한 요구로 이어진다.

작품의 중반을 넘어 오만과 신중은 모두 자기주장을 굽힐 줄 모르고 서로 간의 공방전은 더 치열해진다. 오만이 트라스타마라 왕조의 합법성을 주장하는 데 반해 신중은 이 왕조의 모순성을 폭로하고 후안 2세의 정치적 위상을 세우려고 노력한다. 특히 신중의 주장에 따르면, 후안 2세의 정치적 중립성 즉 엔리케 2세의 손자인 엔리케 3세와 페드로 1세의 손녀인 돈냐 카탈리나의 결혼을 통해서 얻은 왕자라는 사실로 인해 과거 카스티야 왕조의 정통성을 부활시킬 수 있는 명분이 생긴 셈이다.

정의님이시여, 당신은 아시겠지만
이 정직한 분은 죄 없는 왕이시며
아시다시피, 양 집안에 유효한 그런
왕위에 대한 권리를 갖고 계십니다.
(*Ibid.*, 497쪽)

후안 2세의 정당한 왕위 계승의 권리와 더불어 그의 국토회복전쟁의 중대한 책무에 관해 인식한 정의는 최종적으로 신중의 승리를 인정하고 오만의 즉각적인 사멸을 명령한다. 또한 재판관인 정의는 아래 예문에 나타나듯이 작품의 결론을 맺으며 후안 2세의 정치적 정통성을 재차 강조한다.

별 다른 흠 없는 정직한 소년을
석방시켜 줄 것을 나는 명하노니,

그는 카스티야의 돈 후안이시며
나의 실수로 그를 데려 왔으나
이제 그의 모친이 원하는 대로
그가 주인인 시대가 실현되어서
그의 부친이 물려준 이 조국을
영원토록 갖기를 더불어 명한다.
(*Ibid.*, 499쪽)

파에스 데 리베라의 알레고리 작품은, 그 전반적 짜임새가 과거 스콜라식 논증법의 영향을 받은 흔적이 남아 있음에도 불구하고[20] 작품이 현실에 대한 작가의 개인적 시각을 반영한다는 점에서 14세기 중반 이전의 알레고리와는 차별된다. 그의 문체가 비록 전통적 방법론에서 완전히 벗어나지는 못했지만 작가가 자신의 실제 주변 상황과 인물들에 대한 비평을 일인칭 화자의 서술을 통해 표현한 사실은 알레고리 문체의 개혁을 의미한다. 당시에 왜 이러한 새로운 문체가 필요했을까? 현재성의 반영이 비단 파에스 데 리베라의 작품뿐만 아니라 《바에나 가요집》에 나오는 임페리알이나 비야산디노와 같은 동시대 다른 작가들의 알레고리 픽션에서도 관찰될 때 이는 파에스 데 리베라의 작품이 당시에 유행한 어떤 문학 조류의 영향을 받았거나 아니면 새로운 시대적 요

20 카스티야 15세기 알레고리 픽션에서, 두 가지 내지 그 이상의 의견들이 대립한 채 전개되다가 종국에 가서 한 가지 결론으로 도출되는 표현기법(i.e. debate, disputa, etc.)은 당시에 유행하던 스콜라식 방법론(método escolástico)의 영향을 받아 존속했을 가능성이 높다.(cf. Alvar, 2003, 201쪽)

구에서 비롯되었을 가능성이 크다고 할 수 있다. 구체적으로 스페인 15세기는 르네상스의 여명기로서 인간의 윤리관이 고정적이기보다 상대적이고 유동적인 개념으로 인식되기 시작한 시기인 만큼 과거의 알레고리와 같이 어떤 객관적 가치의 영속화를 추구하는 문체보다 시시각각 다변하는 실제 현상들을 개인적 관점에서 주관적으로 묘사하는 방법이 당시의 독자들에게 훨씬 더 큰 공감을 줄 수 있었을 가능성이 높다.[21]

3. 《폰사의 희극》(*Marqués de Santillana*, 1436)

산티야나 후작이 1436년에 기록한 본 알레고리 작품은 1435년에 일어난 역사적 사건, 즉 이탈리아 제노바 해군에 맞선 스페인 아라곤 왕실이 폰사(Ponza) 해전에서 패전하여 왕자들이 볼모로 잡혀가는 비극적 상황을 작품 배경으로 설정하였다. 작품의 전반적인 서사구도는 내용상 두 부분으로 확연히 구분된다. 먼저 비극적 상황이 발생한 후 이에 관하여 여왕들 간의 다양한 논의가 오가고 레오노르 여왕이 소천하게 되는 초반 부분(1-664행)과 일인칭 화자가 운명의 신과 만나 대화를 나누며 행복한 결말을 향해 나아가는 후반 부분(665-960행)으로 구성된다. 후미

21 폴하버는(Faulhaber, 1972, 19쪽), 카스티야 중세문학에 적용된 수사학이 14세기 말까지는 과거와 별다른 차이가 없이 전승되다가 그 이후 이탈리아 인문주의의 영향으로 크게 변화한다고 주장한다. 카스티야 15세기 가요집들을 볼 때, 중세 수사학의 법칙성은 서서히 와해되는 한편 고전시대 작가들의 문체를 배우고자 하는 열정은 강해진다.

가 행복한 결론으로 마감하게 된 이유에서 이 작품의 제목이 '희극'으로 불리게 되었다고 볼 수 있다. 아울러 이는 당시 대부분의 카스티야 시인들이 동경하며 모방의 대상으로 삼았던 이탈리아 출신 단테 알리제리의 《신곡》의 원제목(*Commedia*)과도 일맥상통한다. 즉 산티야나 후작은 단테의 위대한 작품과 비교하여 스스로를 낮춘 결과로서 '희극'(comedia)에 축소사 어미(/-eta/)를 붙인 '소규모 희극'(comedieta)을 자기 작품의 제목으로 삼았을 가능성이 높다.

산티야나 후작은 이 새로운 방식의 알레고리 서사작품을 통하여 현재의 어려운 정치적 현실이 머지않은 미래에 해결되고 스페인 왕국의 영광을 위한 밑거름이 될 것이라는 점을 공고히 하는 계기를 마련한다. 특히 미래의 발전에 대한 메시지는 작품의 결말부에 출현하는 운명의 신의 서술을 통하여 표현된다. 이러한 맥락에서 이 알레고리 작품은 현재적 문제를 전통적이고 상징적인 방식으로 풀어낸, 즉 현실과 비현실의 극단적 양면성을 갖춘 작품으로 평가할 수 있을 것으로 보인다.

"청렴한 여왕들이여 내가 그대들의
남편들에게 권력을 쥐어 주었다면
그들의 용맹스럽고 끓는 위대한 기백을
지지하는 세상은 어떻게 되겠소?
이제 레반트 지역은 슬퍼하고 있고
모든 갈리아와 헝가리 사람들은
낮에 일어난 일을 통탄하지 않소?

모든 패배한 민족이 그랬듯이 말이오.

그러니 그들이 포로로 잡혀간 일은
나쁜 일이 아니며 예정이 되어 있었소.
오랜 감옥생활이라 두려워 마시오.
주님으로부터 거부당할 수 있습니다.
희망을 갖고 걱정을 멀리하시오.
걱정은 지치고 고통받고 못살게 군다오.
곧 도래하니, 할렐루야를 부르시오.
과거의 일을 기억하지 마시오.

단지 그들이 석방되고 권력을 다시
찾는 일에 그치지 않습니다.
그들은 나에게 속한 모든 지방과 마을을
둘러싼 큰 제국을 통치할 것입니다.
이 왕조에서 세상의 큰 지역을
영원토록 소유할 자가 나타날 것이니,
내가 이룩한 이곳에서 용기를 가지시오.
그리고 탄식과 조가를 그치시오.

그들은 모든 스페인을 포함하여
지구상의 여러 지역을 물려받을 것이며
위대한 업적을 쌓아 세상에는
그들의 공로로 가득 찰 것이오.
그들의 통치와 구속 속에 요르단 강,
유프라테스 강, 갠지스 강, 나일 강의

물을 마시는 자들이 있고, 그들의
표식은 절대 정복당하지 않을 것이오."

운명의 신이 내린 결론

살아 있는 자들 위에 군림하는
운명의 강론은 이제 막을 내릴 것이요.
더 이상의 첨언은 없지만
이후 내 앞에 환상이 나타날 겁니다.
나의 희극이 노래하듯이 네 명의
왕자들은 석방되고 행복해질 것입니다.
소중한 독자들이여 찬미하시오.

폰사의 희극으로 불리는 서술을 마치며

여명이 백색의 광채로 짙은 어두움을
굴복시키고 스페인을 떠나도록
추방시키는 시기와 때를 맞추어
운명의 신은 그녀의 무리와
나를 떠났다. 이제 그토록
불행했던 일이 이후 큰 환희로
바뀐다는 사실을 알았으니 나의
기쁨과 위안을 누가 의심하겠는가?
(ed. Gómez Moreno, 841-960행)

4.《운명의 미로》(*Juan de Mena*, 1444)

《운명의 미로》는 코르도바 출신의 후안 데 메나(1411-1456)가 1444년에 카스티야의 왕 후안 2세(1405-1454)에게 봉헌한 장문의 시 작품으로 15세기 스페인 최고 수준의 알레고리 픽션으로 평가받고 있다. 이야기의 전반적 틀은 자전적 화자의 여행으로 구성하며 여행은 "운명의 신"의 집에서 이루어진다. 전쟁의 신인 벨로나에 의해 어떤 아름다운 평원에 도착한 주인공이 안내자 "프로비덴시아"(Providencia)를 만나게 되고 그의 안내를 받아 "운명의 신"의 집을 방문하게 된다는 내용이다. 주인공의 방문은 궁전의 가장 높은 곳에서부터 먼저 시작하는 데 궁전 위에서 별다른 특이점을 발견하지 못한 주인공에게 프로비덴시아는 여행의 목적을 이루기 위해 그 내부로 들어가자고 제의한다.

내게 명령하는 방향으로 눈을 돌리니
그 속에 아주 큰 바퀴 세 개가 있었다.
그 중 둘은 조용히 멈춰져 있었다.
하지만 중간 바퀴는 회전하고 있었다.
또한 그 바퀴 아래쪽 땅에
수많은 사람들이 거하는 것을 보았는데
각 개인의 이마에는 각자 어디로 가야 할지,
그 운명의 내용이 쓰여 있었다.

움직이지 않는 바퀴에는

태어나기 위해 기다리는 사람들과
태어났던 사람들이 있었으며 앞을
가린 검은 천에는 별칭이 쓰여 있었지만
그것이 뭔지 이해하지 못한 나는
내가 가진 궁금증을 나의 안내자에게
물으며 알아보지 못한 인물들을 가린
겉 천을 걷어 보라고 요청하였다.

그는 대답했다. "그대에게 말하건대
세 가지 시간대를 의미합니다.
과거, 현재, 미래가
각 바퀴에 해당하지요.
멈춰져 있는 두 바퀴에는 각각
과거의 사람과 미래의 사람이 있으며,
그 중간에 돌아가는 바퀴에는
현재에 살아 있는 사람들이 존재하지요.
(ed. Pérez Priego, 1989, 88쪽)

세 가지 거대한 시간의 바퀴(과거, 현재, 미래) 안에는 일곱 개의 원구들이 동일한 방식으로 나열해 있는 데 그 일곱 원구들(월광천, 수성천, 금성천, 태양천, 화성천, 목성천, 토성천)과 일곱 가지 윤리적 가치(정결, 절제, 사랑, 신중, 강의, 정의, 소망)를 상징한다. 또한 모든 원구 속의 개념들은 긍정적인 부분과 부정적인 부분으로 각각 나뉜다.

첫 번째 원구	월광천(la Luna)	-	정결(Castidad)
두 번째 원구	수성천(Mercurio)	-	절제(Templanza)
세 번째 원구	금성천(Venus)	-	사랑(Amor)
네 번째 원구	태양천(Febo)	-	신중(Prudencia)
다섯 번째 원구	화성천(Marte)	-	강의(Fortaleza)
여섯 번째 원구	목성천(Júpiter)	-	정의(Justicia)
일곱 번째 원구	토성천(Saturno)	-	소망(Esperanza)

알레고리 여행은 과거와 현재의 바퀴상에서만 진행된다. 이때 화자는 프로비덴시아와 더불어 일곱 개의 원구 속에 존재하는 수많은 인물들을 관찰하게 되는데 이들은 각 지역에 해당하는 일곱 도덕 품목들에 대한 알레고리적 예증들이다. 그곳에는 그리스 · 로마 신화와 성서, 역사 속에 나오는 많은 인물들과 아울러 15세기 당시 카스티야에 살던 유명 인물들이 언급된다. 예를 들어 첫 번째 원구에서는 정결을 상징하는 "히페르메스트라"를 볼 수 있는데 이 신화 속의 여주인공과 관련하여 원수의 집안과 위장결혼을 하여 그 첫날밤에 적들을 모두 살해하나 남편은 차마 해하지 못한다는 이야기가 전해진다. 그와 동일 장소에는 로마시대에 곧은 정조를 상징하는 비운의 여주인공인 "루크레시아"와 율리시스의 아내 "페넬로페"가 존재한다. 한편 동일한 바퀴 속에서 당시 카스티야의 왕이었던 후안 2세의 첫 번째 부인과 엔리케 3세의 딸임과 동시에 당시 나폴리 왕국을 통치했던 알폰소 5세의 아내 돈냐 마리아가 등장한다.

[첫 번째 원구, 다이애나 신의 장소에서]

우리는, 본질적이지 않은 기술의 힘으로
승리를 한 아들[히폴리토스]을 보았고
그는 큰 미로 속의 많은 역경을 뚫고 나와
마침내는 미노타우루스를 제거하였소.
착한 히페르메스트라가 그리스 여성 중
가장 순수한 얼굴로 우리에게 나타났습니다.
또한 정결한 여성 루크레시아가
용서받은 그 칼을 들고 있었지요.

위대한 마우솔로스의 아내를 보았소.
그대는 흐느끼며 우리 일을 예언하고
부부의 재를 뿌리는구려,
한 명 이상의 미망인으로 살아가는 것과
고민하는 동반자가 되는 일은 죄업이지요.
페넬로페, 당신이 밤을 새며
천을 풀어 시간을 지연시켰지만, 에올로의
바람은 남편을 멀리하도록 했지요.

[…]

[안내자] 그대가 지금 보고 있는 원구는
월광천이라고 불립니다.
각각의 원구에는 이름이 있으며
서로가 각기 다른 주제에 연루되지요.

현재 거닐고 있는 여기에서 당신이
사냥꾼과 함께 정결한 여인들을 보는데
그것은 이 행성에 존재하는 자들이
그렇게 정해져 있기 때문입니다.

[…]

덕 있는 자는 정숙히 사는 법을 배우시오.
잔혹한 자는 악으로 승리하지 못하니.
많은 혈통에 대한 저주 속에서 있는 천박한
즐거움은 사람을 이기지 못하지요.
세상에 대해 함부로 생각하는 자들은
화가 태동하는 곳에서 멀어지시오.
정결한 사람이 되려면, 금욕을 통하여
가장 깨끗한 생활을 찾으시오.
(*Ibid.*, 497-664행)

동일한 방식으로 프로비덴시아의 인도를 받은 주인공은 "과거"와 "현재"를 오가며 일곱 원구들 속에 각각 존재하는 수많은 인물들을 목격하게 되는데 여기서 본 논지와 밀접하게 관련되는 동시대 인물들, 즉 15세기 카스티야에서 살던 사람들만을 한번 간추려 정리해 보면 다음과 같다. 먼저, 첫 번째 원구인 월광천에 이어 두 번째 장소인 수성천에는 비록 이름을 구체적으로 밝히지는 않지만 현세의 부정한 종교인들이 머물고 있고, 세 번째 금성천에는 갈리시아 출신의 시인 마시아스

(Macías el enamorado)가 존재한다.[22]

우리는 원구를 오랫동안 걷다가
스페인 사람인 마시아스를 보았다.
그는 비극적으로 세월을 보낸 뒤
사랑의 대가로 생을 마쳤던 것이다.
더 가까이 접근해 살펴보았을 때
그 스페인 사람을 자세히 볼 수 있었다.
나는 그가 구슬픈 음률로
한 애절한 노래를 부르는 것을 보았다.

"사랑은 내게 면류관을 주었소.
내 이름이 더 유명해지도록 말이오.
나의 근심은 더 이상 커질 수가 없다오.
그 아픔이 즐거움을 주기 때문이오.
달콤한 실수들이 근심을 이겨 낸다오.
하지만 곧 추락할 것이니 즐겁다 마시오.
당신들에게 한 그 죄악을 이미 내게 저질렀소.
연인들이여, 사랑을 미워하시오."
(*Ibid.*, 833-848행)

이후 태양천에서는 당시 카스티야의 지적 표상이라 일컫는 엔리케

22 마시아스 엘 에나모라도의 작품은 《바에나 가요집》에 다수 수록되어 있으며 이 전설의 시인에 대한 이야기는 훗날 19세기 스페인 낭만주의 문학(i.e. *El doncel de don Enrique el Doliente*, Mariano José de Larra)에 중요한 소재로 기억된다.

데 비예나(Enrique de Villena)를 만나고 화성천에서는 아랍에 대항한 국토회복전쟁에서 죽어 간 영웅들(Conde de Niebla, Conde de Mayorga, Diego de Ribera, Rodrigo de Perea, Pedro de Narváez, Juan de Merlo, Lorenzo Dávalos 등)을 언급한다. 목성천에서는 작가의 실질적 보호자인 후안 2세를 정의 구현의 핵심 인물로 표현하고, 마지막 원구인 토성천에서는 당시 최고 수준의 권력자인 돈 알바로 데 루나(don Álvaro de Luna)를 위인의 사례로 소개한다.

후안 데 메나는 왜 이런 실제의 역사적 인물들을 알레고리 픽션에 대거 투입시켰을까? 사실상 카스티야 15세기 이전 문학에 있어 동시대인들이 알레고리의 전개에 이렇게 다방면으로 산재한 예는 아직 발견되지 않고 있다. 동시대 인물들에 대한 부분적인 묘사와 서술들을 조합하여 실제 현상에 대한 작가의 생각을 독자들에게 전달하고 공감을 유도한다는 점을 고려할 수 있다. 이에 라파엘 라페사(Lapesa 1982, 112-122쪽)는 후안 데 메나가 비현실적 인물들 사이에 실제 인물들을 군데군데 배치하여 자신의 윤리적 시각을 표현하려 했다는 점을 주장한 바 있다. 구체적으로 작품 속에서 서술되는 국토회복전쟁에 대한 묘사나 후안 2세의 정치적 성장을 염원하는 구절, 당시 사회의 부조리를 비판하는 단락 등은 결국 작가가 현실에 대한 비평적 사고를 표현하고 있음을 의미함과 동시에 문학사적 관점에서 카스티야 서사체가 새로운 국면으로 접어들었음을 의미한다. 예를 들어 태양천을 서술하는 아래와 같은 자전적 화자의 말투에서 우리는 당시 카스티야 사회에 대한 작가의 비판적인 사고를 엿볼 수 있다.

우리가 존재하고 있는 세계에 왔을 때
그 [지혜의] 산물들을 발견하지 못했다.
이제 악덕에서 비롯된 대의명분뿐이었고
사람들의 선한 생각과는 별로 관계가 없었다.
하지만 다른 휘황찬란한 장소에서
우리는 충의로 가득한 뭔가를 보았다.
이에 관하여 질문을 받은 프로비덴시아는
아래의 시구를 읊으면서 답하였다.

"그대가 뚫어져라 쳐다보는
저 별들의 운행들,
그것이 만들어내는 예술과 기상과 질서가
언제 어떻게 진행될 것인지를 예측하고
그 역동성과 감격의 소식을 참색하고
불빛과 번개와 천둥을 탐구하여
세상이 돌아가는 원리를 파악하는 자가 있으니,

광명의 아버지, 감동으로 이끄는 위인,
카스탈로 산에서 명성이 큰 자가
바로 비에나 출신의 엔리케 선생님으로
그는 스페인과 현세의 영광이지요."
아 훌륭한 현자여, 위대한 시인이여,
나는 계속해서 눈물을 흘렸습니다.
카스티야가 사람들이 미처 인식하기도 전에

그런 소중한 인물을 잃었기 때문입니다.
(*Ibid.*, 993-1016행)

화성천에서 일인칭 화자는 스페인 기사인 로렌소 다발로의 죽음으로 비통해하는 어머니의 독백 속에서 운명의 신에 대한 저항과 당시 카스티야의 부조리한 사회에 대한 반감을 복선으로 관찰한다.

아무도 면류관을 얻지 못할
카스티야 왕국의 부조리 속에서
서글픈 책무들이 남길 상처를
어디 이해나 할 수 있겠소?
(*Ibid.*, 1653-1656행)

《운명의 미로》의 이러한 독창성, 즉 주로 의인화된 개념이나 환상적 인물 위주로 조합되던 전통 알레고리 이야기에 동시대 인물들이나 시대적 맥락을 첨가했다는 점을 고려할 때 그 문학사적 가치를 엿볼 수 있다. 이는 작가가 후안 2세의 정치적 성공과 국토회복전쟁의 완성을 염원함과 동시에 그 이면에는 일곱 원주들 속에 용의주도하게 배치된 카스티야의 당시 실제 인사들에 대한 주관적 비평이 서술의 궁극적인 목적이 되었을 가능성이 높다는 것이다. 사실상 15세기 이전의 카스티야 알레고리 문학 내부에서 이러한 역사적 사실성과 주관적 시각에 의하여 강하게 표출된 작품을 찾기란 쉬운 일이 아니다.

작가 후안 데 메나가 《운명의 미로》를 통하여 표현하고자 한 이러한 동시대 인물들에 대한 묘사와 비평의 궁극적인 목적은 작품의 서두에 속하는 두 번째 연에 이미 언급된 바 있다.

> 운명이여, 그대의 허구를 노래하고자 하오.
> 그대가 마음대로 뒤바꿔 놓은 인간들의 모습과
> 그대의 크나큰 모순, 그대의 불성실성, 그대의
> 바퀴에 갇혀 탄식하는 사람들을 보았소.
> 우리는 지금 이 시점까지 고통을 받아왔지요.
> 내 펜이 과거의 일들을 되새기고
> 현재의 일에 관하여 간략한 서술을 원하니
> 아폴로 신이여 성취할 수 있도록 도와주소서.
> (*Ibid*., 9-16행)

위 예문에서 우리는 작가가 운명의 신의 비합리성에 대하여 반감을 가지고 있으며 그의 바퀴 내부에서 고통받는 사람들에 대한 이야기를 하려고 한다는 사실을 유추할 수 있다. 결국 이 알레고리 픽션을 통해 메나가 추구하는 궁극적인 목적은 자신이 처한 카스티야의 현실 상황과 연관된다. 무엇보다도 15세기 초반까지 스페인 알레고리의 일반적인 표현 수준이 당시에 전통적인 토픽이나 전형에 주로 의존하는 서술방식이었음을 감안할 때[23] 메나는 《운명의 미로》에서 그러한 기존의 수준에

23 딩코 퀴타노빅(Dinko Cvitanovic 1973, 46쪽)은 서구의 중세 특히 15세기를 중심으로 발전한 알레고리가 현실의 문제를 공감하고 표현하기 위한 일종의 선험적 표현체계

머무르지 않고 현실을 묘사하거나 비평할 수 있는 진일보한 서사체를 개발했다고 할 수 있다.[24]

임을 지적한 바 있다.

24 히메노 카살두에로(Gimeno Casalduero 1964, 132쪽)는 《후안 2세에게 바치는 글》(1405)에 적용된 서사구조가 《운명의 미로》(1444)의 것과 비슷한 형태로 보이지만 그 목적성을 비교해 볼 때 두 작품이 매우 다르다는 점을 지적한 바 있다. 즉 전자는 왕권을 두둔하기 위한 수단이지만 후자는 윤리적 사례들을 구체적으로 나열하기 위한 알레고리라는 점을 지적한 바 있다.

제5장

과거와 현재의 충돌 – 새로운 윤리관의 생성

14세기 말 이후 스페인 작가들 중 상당 부분은 알레고리 문체를 형이상학적 관념들에 대한 조합의 수준을 넘어 주변 현실과 연계된 개인의 정치 · 윤리관과 같은 내면을 표현하기 위한 수단으로 이용했던 것으로 보인다. 그 당시 알레고리 작품들을 보면 이베리아 반도에서 오랜 세월에 걸쳐 발전해 온 전통 알레고리 문체와 새로운 르네상스식 알레고리 문체 간의 경쟁적 구도가 자주 가시화된다. 특히 혼합적이면서도 동시에 전환적이라고 할 수 있는 스페인 15세기 초반의 문학은 보수와 진보 혹은 과거 사상과 신흥 사상 간의 정치적 주도권 다툼과 같은 일종의 헤게모니 문제로 이어지면서 스페인 중세문학사의 중요한 변곡점들을 생성시켰다.

후안 알폰소 데 바에나가 1430년경에 집대성한 《바에나 가요집》은 후안 2세(Juan II)의 탄생 시기(1405)를 전후로 그 당시 지배세력이었던 트라스타마라 비정통 왕조와 세력 다툼에서 밀려난 카스티야 정통 왕조 간의 대립적 구도 속에서 당시 지식인들이 기록한 다양한 시 작품들을 보존하고 있다. 구체적으로 갈리시아 · 포르투갈 시풍을 계승한 구세대(알폰소 알바레스 데 비야산디노, 마시아스 엘 에나모라도, 페로 로페스 데 아얄라 등)와 이탈리아에서 초기 르네상스 문체를 선호하는 신세대 시인들(미셸 프란시스코 임페리알, 루이 파에스 데 리베라, 후안 델 엔시나 등) 간에 존재했었던 차이와 마찰 속에서 문학관이 서로 다른 과거 세대와 현재 세대 간의 사상적 · 문학적 대립의 흔적을 엿볼 수 있다. 이 변화의 과정 속에서 알레고리 문체는 새로운 긴 서사구조의 생성, 시공간적 역동성이 강한 에피소드 첨가에 대한 선호, 참신한 상징어 및 비유의 사용, 엄숙하고 우아한 정형률 도입, 지명이나 인명을 비롯한 다양한 사실적 요소의 첨가, 이탈리아 초기 르네상스 문체에 대한 모방 등과 같은 변화를 통하여 새롭게 발전해 갔다.

1. 《마시아스가 자신의 현실을 한탄하며 지은 가요》 (*Macías el enamorado*)

전설의 음유시인으로 불리는 마시아스는 스페인 중세문학의 범주에서 갈리시아 · 포르투갈계 시풍을 계승한 마지막 세대에 속한 대표 작가이다. 1400년 전후로 일어난 스페인 시 문학의 전환 과정에서 그의 시는 '궁정식 사랑'의 표현체계, 전통적인 알레고리 작법, 갈리시아 · 포르투갈계 시어 등을 기반으로 이루어졌다. 현존하는 그의 작품들은 대부분 후안 2세에게 봉헌된 《바에나 가요집》에서 소개되고 있다. 한 가지 염두에 두어야 할 것은, 알폰소 데 바에나가 이 가요집을 편집하는 과정에서 마시아스의 갈리시아 · 포르투갈어로 된 어휘들을 부분적으로 스페인어로 고치는 오류가 발생했을 가능성이 높다는 점을 기억할 필요가 있다. 라파엘 라페사가 이미 지적했듯이, 아래 시에서 관찰되는 많은 스페인 용어들은 갈리시아 지방 출신인 마시아스가 직접 사용한 어휘라기보다 《바에나 가요집》의 편집을 맡은 필경사들이 마시아스의 원작을 옮겨 적는 과정에서 스페인 독자를 위한 배려이거나 아니면 자의적인 가독성 증대의 차원에서 수정했을 것으로 판단된다.

엄숙함이 지속되는 곳에서
나는 평정심을 찾으려 애를 썼고
열악한 운명으로 인하여
정신을 차릴 수 없었소.
그래서 이제서 말하건대
내 마음속에 조심스레 커지는
애절한 탄식, 이렇게 말하고 있구려.
내 마음은 아주 슬프지만
이성을 잃지 않고 살아간다오.

그 아름다움을 내 두 눈은
보러 갔었소, 왜 내 마음이
슬퍼지는지, 그리고
왜 사랑은 나를 치유도,
충고도 해 주지도 않는지,

기쁨을 가질 수 있게 말이오.
나는 이 슬픈 가사를 읊는다오.
큰 고통이 사라진 뒤 하나님은
환희를 줄 수도 있겠지요.
(*Cancionero de Baena*, 310번, 550쪽)

이 작품에서 보듯이 염세적인 사랑에 대한 절대적 찬미, 서정성의 극대화로 인한 서사성의 상대적 위축, 갈리시아 · 포르투갈계 어휘 다수 사용, 후렴부의 적절한 사용, 실제 주변 상황에 대한 직접적 묘사 부재 등은 마시아스의 나머지 시 작품에서도 발견할 수 있는 요소들이다. 이 시의 내용과 형식에 관한 전반적인 인상은 새로운 이탈리아 르네상스 시보다 이베리아 반도의 전통 시에 더 가깝다고 할 수 있다. 산티야나 후작의 시론(*Prohemio e carta*, 1445)[25]을 통해 유추해 볼 때, 스페인 15세기 서사문학은 역사적 현실을 직간접적으로 반영한 스토리텔링이나 역동적인 알레고리적 전개를 선호한 것으로 보인다. 이러한 당시의 일반적인 문학적 경향에 비춰 볼 때 마시아스의 문체는 과거지향성이 강하며 시대를 대표하는 강한 낭만성을 지녔다고 볼 수 있다.

25 카스티야 시학의 최고 현존 문헌이라고 할 수 있는 산티야나 후작의 시론(*Profemio e carta*, 1445)은 이탈리아의 단테, 페트라르카 등과 같은 초기 르네상스 시인들의 알레고리 문학을 선호하고 모방한 15세기 카스티야 시 문학의 추세를 말해 주는 구체적인 문헌이 된다.

2. 《트로바도르들을 비평하기 위한 주장과 질문을 담아 비야산디노가 지은 데시르》(*Alfonso Alvarez de Villasandino*)

《바에나 가요집》의 상당 부분을 차지하고 있는 알폰소 알바레스 데 비야산디노의 시 작품은 14세기 말 이후 높은 인기를 누린 초기 르네상스 이탈리아 시 문학의 영향으로 인하여 위축하기 시작한 갈리시아 · 포르투갈 시풍의 현실을 구체적으로 반영한다. 비야산디노의 시풍은 앞서 거론된 마시아스의 작품과도 같이 일찍이 프로방스의 트로바도르 문학을 토대로 형성된 갈리시아 · 포르투갈계 중세 시 문학의 마지막 진화 단계에 속한다. 하지만 엄밀히 말하자면 갈리시아 출신이면서 갈리시아 · 포르투갈계 시풍을 직접적으로 계승한 마시아스와는 달리 비야산디노는 카스티야 출신으로서 카스티야어를 사용하며 갈리시아계 시풍을 모방했다는 점이 다르다고 할 수 있다. 부르고스 부근에서 태어나 톨레도 지역에 살았던 이 시인은 본래 갈리시아인이 아니지만 적어도 14세기 중반까지 이베리아 반도의 기독교권 전체에서 가장 고상한 시풍으로 각광을 받았던 갈리시아 지역의 문체적 조류를 따르게 되었으며 이는 사랑이나 비평에 관한 시에 주로 집중되었던 것으로 보인다. 한편 정치적 현실에 대한 내용이 이탈리아 초기 르네상스 문체의 영향을 받아 발전한 참신한 서사체 '데시르'(decir narrativo) 장르로 표현될 때는 그의 표현 체계가 갈리시아 시풍의 영향권에서 상대적으로 멀어졌다고 할 수 있다.

스페인 15세기 시 문학 속에서 비야산디노의 문체는 다원적 성향에도 불구하고 적어도 14세기 중반까지 이베리아 반도 기독교권의 문학을 대표했던 갈리시아계 시풍을 계승하는 세대에 속한다고 보는 것이 합당하다. 이러한 사실은 비야산디노 자신이 1400년 전후로 출현한 새로운 이탈리아계 시풍을 선호하는 스페인 젊은 시인들을 적나라하게 비판하는 한 작품에서 확인할 수 있다.

가이야 학문[26]이 기지가 넘치고
두려움 없이 시를 읊는 충직한
기사들의 입을 통하여 확산되다니
나로서는 아주 기쁘오.
한편 얼간이들은 이제 고삐를 놓는구려.
문학서가 말하는 비르질리우스, 단테,
호라시우스, 플라톤, 그 외 시인들을
외면하는 그들의 책을 불사르시오.

여기 모든 선한 자들은 이성을 탕진하고
일부 과학자들은 명예로운 인생을
살았거나 살아 있는 문외한들이나
예술가들, 수사학자들과 함께 있구려.
그런 불을 끄시오, 켜지지 않게 말이요.

26 15세기에 들어 스페인 문인들은 프랑스에서 전파된 엄격한 정형률을 기반으로 하는 트로바도르 시 문학을 '가이야 학문'(gaya ciencia)이라는 명칭하에 과학이나 수학과 같은 일종의 논리적인 학문으로 분류했다.(cf. Steunou and Knapp, 1973)

시를 지을 능력을 신성한 은혜로서
받아들이지 못한 이들은 조용하라 하시오.
모든 사람들이 이해할 것이오.
(*Cancionero de Baena*, 80번, 107쪽)

이 예문의 문맥을 볼 때 비야산디노는 당시 이탈리아계 시풍을 선호하는 스페인의 젊은 시인들을 프로방스에서 전파된 시학, 즉 가이야 학문을 제대로 이해하지 못한다며 신랄하게 비판한다.

3.《페로 로페스 데 아얄라의 답변》(*Pero López de Ayala*, 1407)

스페인 중세 시인이자 역사가였던 로페스 데 아얄라(Pero López de Ayala, 1332-1407)는 카스티야의 정통 왕계를 이어 왔던 페드로 1세(Pedro I el Cruel)의 폭정에 반발하여 탄생한 비정통 왕계인 트라스타마라 왕조(Dinastía de Trastamara)의 시조 격인 엔리케 2세(Enrique II)를 지지한 인물로 알려져 있다. 1400년을 중심으로 카스티야 궁중 사회를 둘러싼 다양한 정치 · 사회적 쟁점들을 반영하고 있는《바에나 가요집》은 로페스 데 아얄라와 그의 정치 숙적들 간에서 오갔던 시 작품들을 보존하고 있다. 로페스 데 아얄라의 경쟁자로는 시인 디에고 데 발렌시아(fray Diego de Valencia), 신학자 알폰소 데 메디나(Alfonso de Medina), 제노바 출신의 군인 프란시스코 임페리알(Francisco Imperial), 아랍계 의사 마호멧 엘 샤르토세(Mahomat el Xartosse), 왕실 서기 가르시아 알바레스 데 알라르콘

(García Álvarez de Alarcón), 후안 2세의 시종인 페란 마누엘 델 란도(Ferrant Sánchez de Calavera) 등을 생각할 수 있다.

당시 카스티야의 신세대 시인들은 마시아스와 같이 전통적인 갈리시아 시풍을 따르는 로페스 데 아얄라와는 달리 새로운 상징체계나 현학적 문체를 선호하는 이탈리아풍을 선호하며 그 윤리적 감성도 과거 트로바도르 문학에서 벗어나 새로운 수식이나 비유를 통하여 전달하는 경향이 강했던 것으로 보인다.《바에나 가요집》에서 볼 수 있듯이 이들은 대부분이 모두 후안 2세의 왕권 세습을 지지하는 젊은 정치권에 속한 인물로서 당시 정치적 원로이자 구 세력권에 속하는 로페스 데 아얄라를 상대로 질의문답 식의 논쟁을 벌인다. 1400년 전후 카스티야 사회의 정치적 정통성, 가치관, 종교적 신념 등을 전반적으로 아우르는 그들의 질문은 '운명', '해방', '섭리', '인간의 자유 의지' 등과 같은 전통적인 윤리 관념을 토대로 한 알레고리적 문체를 기반으로 이루어졌다.

15세기 초 복잡했던 정치적 맥락과 관련하여 본 가요집에서 주목을 끄는 대표 작품으로서 '하나님 앞에서 인간의 자유의지가 갖는 진정한 가치'에 관한 페란 산체스 칼라베라의 질문(*Cancionero de Baena*, 517번)에 대한 로페스 데 아얄라의 답변을 생각할 수 있다.

친구여, 많은 연민의 정을 느끼는
그대에게 흥미롭게 갖고 있소.
하나님의 신성에 대한 비밀을
그대는 완전히 파악하기를 원하는구려.

아버지의 위대한 능력 아래 그의 아들은
말했지요. "시간과 시기는 조심스러우며
어떤 사람도 그러한 지혜에
도달할 수는 없습니다."

이는 묘연하고 주저되는 부분이오.
신의 판단과 비밀은
죽어 가는 불쌍한 인간을 파악하고
그의 큰 역량을 알기를 원하오.
따라서 그것이 올바른지 따지는
일은 명백히 큰 착오일 것이오.
그분을 완전히 알아내기란 과거에도
현재에도 미래에도 불가능하오.

따라서 언제 사랑이 진정하고
언제 탄압을 받아 소망을 잃을지
우리가 하나님을 파악하기 위해
저울질을 하려고 해서는 안 되지요.
이 일은 판단되어서는 안 됩니다.
고로 우리는 그의 심판에 항상
따라야 하고 두려워해야 하지요.
그를 의문시해서는 안 됩니다.
(*Cancionero de Baena*, 518번, 366-367쪽)

이 예문에서 보듯이 기독교의 하나님이나 운명, 자유의지, 해방 등과 같은 주요 관념에 대한 의견을 상대방에게 묻는 식의 중세문학 장르인

'질문'(pregunta)은 스페인의 15세기 문학의 한 조류를 이루었다고 할 만큼 유사한 패턴의 작품이 많다. 또한 그 질문에 대한 답변(respuesta)은 관련 지식인의 윤리적 정체성이나 처한 정치적 입장에 대한 생각과 관련이 깊다고 할 수 있다. 로페스 데 아얄라가 1407년에 기록한 이 작품의 화자는 페란 산체스 칼라베라의 질문에 준하여 직접적으로 대답하기보다 절대창조주인 하나님에 대하여 의견을 구하는 그 자체가 모순으로 보면서 그 질문 자체가 올바르게 성립되지 않는다는 식의 비판을 하게 된다. 이는 질문을 한 상대방에게 어떤 정치적 성향을 보이지 않으려는 작가의 신중한 의중이 작용했을 가능성을 생각하게 한다.

뿐만 아니라 이 작품의 작가인 로페스 데 아얄라는 15세기 카스티야의 젊은 신세대 시인들에 맞서 자신의 입장을 표현하는 과정에서 그가 선호했던 14세기 메스테르 데 클레레시아(Mester de clerecía)의 형식을 탈피하고 1400년 전후로 새롭게 각광을 받기 시작한 새로운 12음절의 정형률(verso de arte mayor)을 구사하였다. 호아킨 히메노 카살두에로의 주장에 따르면 이러한 과감한 변화의 시도는 이 작품을 쓸 무렵 이미 일흔 중반에 접어든 작가가 새로운 시학에 적응할 수 있다는 사실을 젊은 세대 시인들에게 각인시키고 싶은 생각에서 비롯되었을 가능성을 생각해 볼 수 있다.[27] 문체의 변화에 대한 시대적 요구를 충분히 소화해 낼 수 있다는 점을 젊은 시인들에게 과시하고 싶었던 작가는 한 발 더 나아가

27 Cf. "Pero López de Ayala y el cambio poético de Castilla a comienzos del XV", Joaquín Gimeno Casalduero, *Hispanic Review*, 1965, vol. 33, 1-14쪽.

옛것과 새것, 미지의 쟁점을 남겨 두는 일과 파헤치는 일, 14음절 전통 시와 12음절의 새로운 알레고리 시 등과 같은 이분법적 시각이 도리어 모순적이고 정치적이라며 비평을 한다.

4. 《알폰소 알바레스가 엔리케 왕이 톨레도에서 임종했을 때 기록한 데시르》(*Alfonso Alvarez de Villasandino*, 1406)[28]

15세기 스페인의 대표적인 서사작품인 데시르(dezir)는 알폰소 알바레스가 엔리케 왕이 1407년 톨레도에서 서거한 직후에 기록한 것으로 1400년 직후 카스티야의 정치적 쟁점을 반영한 중요한 작품으로 평가된다. 일인칭 화자가 어떤 알레고리적 배경 속에서 세 여성과 대화를 하게 되는데, 이들은 후안 2세의 어머니인 돈냐 카탈리나, 의인화된 '정의', 의인화된 '톨레도 교회'를 각각 의미한다. 이 세 요소는 작가의 정치관에 의할 때 1407년 당시 엔리케 3세가 서거한 상황에서 카스티야 왕국의 존속을 위하여 필수적인 세 가지 개념을 의미한다. 작가는 내용 속에서 이 세 여인과 대화를 나누며 그들의 정치적 정당성을 고취시켜 주는 주인공이 다름 아닌 바로 자신임을 부각시키기 위한 목적이 내포되어 있다. 비록 소규모의 서사작품이지만 전통 알레고리 픽션 구도와 현재적 소재

28 후안 알폰소 데 바에나는 자신의 가요집 제작을 위하여 해당 작품에 대한 제목을 다음과 같이 부여하였다. Cf. Este dezir hizo el dicho Alfonso Álvarez quando el dicho señor Rey don Enrique finó en la çibdat de Toledo el domingo de Navidad del año de mill e quatro çientos e siete; el qual dezir es muy bien fecho e de sotil invençión. E adelante d'este dicho dezir están otros dezires los quales tractan del dicho finamento del señor Rey.

가 절묘하게 조화를 이룬 작품이라고 할 수 있다.

그 이유가 잘 설명되고
그 여인들이 누구인지 분명히 이해했으니
그들에게 말했다. "마님들, 좌절하는 사람은
게으르고 주어진 영광을 잃게 되지요.
아름다우신 여왕이여, 당신의 좋은 아들인
잘생긴 왕자 돈 후안이 있으니 결혼은 지속됩니다.
그로 인해 스페인은 당신을 사랑할 것이며
모심을 받고 칭송을 받을 것이요.

하나님에게 많이 사랑받은 정의여,
당신을 위해 귀품이 있는 남편감을 찾았으니
그는 어진 성품의 잘생긴 왕자(페르난도)이십니다.
당신은 영광스럽게 여겨야 하며
그와 함께하는 순간부터
많은 사람들이 당신을 두려워할 것입니다.
거기로부터 멀어지지 마세요.
당신의 존재는 아주 필수불가결합니다.

그리고 당신, 은혜를 받은 권능의 교회여
이 세상의 셋 중 하나인 당신은
첫 번째를 칭송하고 두 번째를 수용하시오.
자상하신 하나님으로부터 모두 온 것입니다.
가끔씩 태양이 폭풍으로 인해
그의 거대한 빛을 잃어버릴 때가 있지요.

그러니 마님, 밝은 달[29]을 즐기세요.
당신의 상황에서 아무것도 잃을 것이 없답니다.
(*Cancionero de Baena*, 52-53쪽)

이 알레고리 픽션은 중세 카스티야 정치의 중심에 항상 가톨릭 교회가 깊이 연관되어 왔음을 상기시켜 준다. 특히 스페인 중세 왕실의 존립에 있어 가톨릭은 필수불가결한 개념으로 엔리케 3세와 갓 태어난 그의 아들 후안 2세를 비롯한 카스티야 상류계층에게 정치적 정당성을 부여하기 위한 실질적 저변을 마련해 주었다. 비록 소규모이고 구체적인 상황 묘사가 제한적이지만 해당 알레고리 작품의 주요 메시지가 엔리케 3세의 왕위를 이어 갈 후안 2세의 정치적 성향, 즉 로마 교황청과 대립구도에 있는 아비뇽 교황청과의 긴밀한 관계를 실질적으로 강조하고 있다는 점에서 의미심장한 역사성을 반영하고 있다. 15세기 초 보수 성향의 작가 비야산디노는 당시 카스티야 왕실과 그 스페인 톨레도 교회가 프랑스의 아비뇽 교황청과 더 친밀해지기를 바라는 마음을 이 작품을 통해 표현하고 있다.

29 15세기 초 아비뇽 교회의 교황이었던 베네딕트 13세(Benedicto XIII, Papa Luna)와 톨레도 교회의 주교(Arzobispo de Toledo)는 삼촌과 조카의 관계이었으며, 그들은 '달'(루나)의 의미가 포함된 이름인 '페드로 델 루나'(Pedro de Luna)로 불린 동명이인이었다. 따라서 해당 작품에서 "밝은 달"은 정치적 상징성이 강한 개념으로 판단된다.

5. 《에스트레야 디아나에 바치는 글》
(*Micer Francisco Imperial*, 1394-1404)

스페인 15세기 인문주의의 선구자라고 할 수 있는 미셀 프란시스코 임페리알의 일생(14세기 중반 태생-1409년)에 관해서는 이탈리아 제노바 출신으로서 성인이 되어서 스페인 남부의 세비야에 살았었고 훗날 해군부제독을 지냄과 동시에 시인으로 활동한 사실을 확인할 수 있다. 1403년 소아시아 지역에서 볼모로 잡혀 온 앙헬리나(Angelina)라는 여인을 연모한 적이 있는데 그녀는 임페리알의 마음속 여인으로 에스트레야 디아나(Estrella Diana)라는 이름으로 거론되며 그의 서정시에 중요한 소재로 등장한다.

임페리알이 사용한 비유와 상징, 화자의 형태, 전개방식 등을 살펴볼 때 이는 14세기 중반까지 스페인 시 문학의 주류를 이끌던 프로방스의 트로바도르 시풍에서 벗어나 이탈리아 인문주의자들이 주로 사용하던 토픽과 알레고리 기법을 수용했다는 점을 관찰할 수 있다. 그가 구사한 표현기법들은 15세기 스페인의 주요 작가들(i.e. Marqués de Santillana, Juan de Mena, Gómez Manrique, Juan del Encina, etc.)에게 문체적 모델로 작용하였다.

엄밀히 볼 때 그는 한편으로는 이탈리아를 비롯한 많은 외국 작품들을 모방하면서 또 다른 한편으로 이베리아 전통문학의 맥을 계승하였다. 따라서 외국 작품에서 배워 온 비유와 상징을 단순히 모방하기보다 카스티야 고유의 기법과 시어 속에 함께 조화시켜 자신의 현재적 상황이나 중요한 가치를 표현하기 위한 수단으로 적용시켰다는 점에서 매우 의미가 깊다.

임페리알의 작품에 있어 단테 알리제리의 영향이 핵심적이라고 할 수 있다. 구체적으로 1300년 전후로 볼로냐 대학 학사들(Guido Guinizzelli, Dante Alighieri, Guido Cavalcanti, Dino Frescobaldi, etc.)에 의해 만들어진 새로운 문체 '돌체스틸노보'가 임페리알의 시 작법에 큰 영향을 주었다. 예를 들어 임페리알이 앙헬리나에 대한 연모의 정을 읊은 아래의 작품에서 발견할 수 있듯이 비유, 상징, 과장, 우설, 비교 등과 관련한 기법과 더불어 종교적 분위기, 시각적 효과, 색상이나 의상에 관련한 전문 용어들의 나열, 사랑하는 여성의 신성화 등을 중시하는 경향은 기니젤리와 단테를 포함한 스틸노비스티(stilnovisti)들이 공통적으로 선호하는 요소임을 확인할 수 있다.

천한한 수레[30]를 몰고 갔을지라도
과달키빌 강의 다리를 지나며 겪었던
그 소중한 만남,
트리아나 중간 강변에서 바라본
아름다운 에스트레야 디아나,
오월의 아침 서광 속에 피어올라,

30 네폴싱(1977, 19-20)이 이미 지적했듯이 작가가 언급한 '수레'("carreta")는 란사로테(Lanzarote)가 히네브라(Ginebra)를 구하러 갈 때 사용한 평범한 마차를 연상시키며 특히 "carreta vana"는 사랑하는 사람을 구하러 갈 당시에 자신의 마음을 겸손하게 낮춘다는 의미를 상징할 가능성이 높다.

성스런 순례행렬을 따른다.
산타아나에서 울려 퍼지는 성찬가.
(*Cancionero de Baena*, 231번, 1-8행)

구체적으로, 단테 알리제리가 자신의 소네트에 사용한 어휘와 표현, 전개방식은 임페리알의 것과 상당히 많은 공통점을 갖고 있다.

귀부인들의 아름다운 행렬,
모든 성자 대축일에
맨 앞에 걸어온 그녀,
사랑이 그 오른편에 함께 있었다.

그녀의 눈에서 솟은 불빛은
끓어오르는 영혼과도 같았다.
감히 쳐다본 그녀의 얼굴에서
나는 천사의 모습을 보았네.
(Carlos Alvar 역, 74쪽)

예문의 내용 이외에도 카스티야 시인의 작품에서 발견할 수 있는 직유, 비교, 상징, 의인화, 장식 기법 등을 비교하 때 이탈리아의 돌체스틸노보 문체의 영향이 큰 것으로 판단된다.

6. 《일곱 선덕에 바치는 글》(*Micer Francisco Imperial*, 1409)

임페리알의 장편 서사문학 작품도 단테의 픽션에서 많은 영향을 받았다. 단적으로 임페리알의 장편 픽션인 《일곱 선덕에 바치는 글》(*Cancionero de Baena*, 250번)에서 자전적 화자는 발단 부분에 자신의 표현력이 충분하게 발휘될 수 있도록 아폴로신에게 기도를 통해 간구한다. 이 장면은 《신곡》의 〈천국〉편 첫 부분에 단테가 동일한 신에게 기도하는 대목에서 배워 온 것으로 보인다.

> 전지전능한 아폴로신이여, 원하건대
> 당신의 크나큰 지혜로 도와주십시오.
> 이 꿈속에서 제가 본 것을 그대로
> 문장으로 옮길 수 있도록 도와주십시오.
> (임페리알, 17-20행)

> 오 정의로운 아폴로신이여, 결말에
> 사랑스러운 월계관의 영광을 누릴
> 그러한 그릇으로 만들어 주십시오.
> (단테의 〈천국〉편, 1절 13-15행)

특히 임페리알의 알레고리 픽션의 전반적인 틀을 구성하는 일곱 선덕 체계는 아래에 명시한 작품의 구도에서 보듯이 《신곡》의 〈천국〉편의 서사구조를 상당 부분 모방했다고 할 수 있다.

《신곡》: 〈천국〉편의 서사구조

1. 월광천 (믿음, spiriti che non adempirono ai voti)
2. 수성천 (소망, spiriti attivi per desiderio di gloria terrena)
3. 금성천 (사랑, spiriti amanti)
4. 태양천 (지혜, spiriti sapienti)
5. 화성천 (용기, spiriti combattenti per la fede)
6. 목성천 (정의, spiriti giusti)
7. 토성천 (절제, spiriti contemplanti)

《일곱 선덕에 바치는 글》의 서사구조

1. 촛불을 든 여인 (사랑, Caridad)
2. 나무를 든 여인 (믿음, Fe)
3. 닻을 든 여인 (소망, Esperanza)
4. 칼을 든 여인 (정의, Justicia)
5. 방패를 든 여인 (강의, Fortaleza)
6. 거울을 든 여인 (충의, Prudencia)
7. 성을 든 여인 (절제, Templanza)

임페리알은 단테의 〈천국〉편을 보고 나서 주요 도덕관념의 공간 속에 수많은 예시들을 나열하여 작가 개인의 철학과 도덕을 알레고리 방식으로 풀어내는 새로운 수사학 방법을 배운다. 물론 서사구조를 제외한 두 작가의 방법론이 완전히 일치하는 것은 아니다. 예를 들어 단테는 예시의 수단으로서 신화나 성서, 역사 속의 유명 인물들을 선호하는 한편 임페리알은 의인화된 개념들을 더 선호하였다. 또한 다수의 의인화된 개념들이 픽션에 출현해 서로 대화하고 그들 내부에 계층적 질서를 만들어 가는 과정 또한 임페리알의 픽션이 단테의 것과 차별되도록 만들며, 오히려 이러한 부분들은 아우렐리오 푸루덴시오 클레멘테의 작품(i.e. *Psychomachia*)이나 스페인 전통 알레고리 픽션(i.e. *Razón de Amor*, "Debate entre don Carnal y doña Cuaresma" del *Libro de buen amor*, etc.)에 더 가깝게 여겨지게 만든다.

7.《명성의 승리》(*Juan del Encina*, 1492)

이 작품은 1942년 그라나다 성을 함락하여 이베리아 반도 전체를 아랍권으로부터 탈환한 기독교 공동왕(Reyes Católicos)의 위업을 찬양하기 위하여 후안 델 엔시나가 같은 해에 기록한 알레고리 픽션이다. 작품의 전반적인 구도를 두 부분으로 나눌 수 있다. 전반부는 일인칭 화자가 카스탈리아 샘 주변을 여행하면서 수많은 영웅들, 선구자들, 과거와 현재의 현자들을 목격하게 된다는 이야기(1-264행)이다. 후반부는 일인칭 화자가 객관적 묘사체가 아닌 주관적인 어투로 기독교 공동왕인 이사벨 여왕과 페르난도 왕을 향하여 그들에 의한 국토회복전쟁의 완수를 찬양하고 동시에 미래의 정치적 승리를 기원한다는 내용(265-400행)으로 구성된다.

그곳에서 나는 스페인 출신의
많은 위인과 영웅을 보았다.
스페인어를 사용하는 시인들과
충실하고 현명하고 완벽한 자들
그들의 이름 중 내가 기억하는
자는 훌륭한 후안 데 메나,
잘생긴 카르타헤나의 게바라,
파드론의 후안 로드리게스였다.

아주 훌륭한 지론을 가진
고결한 귀족 산티야나 후작 즉
이니고 로페스 데 멘도사는
여러 사람과 그곳에 도착했다.
현자 헤르난 빼레스 데 구스만,
고메스 만리케도 함께 왔고
그의 귀품 있는 조카 호르헤와
망각했던 많은 이들이 왔다.

모든 이들이 큰 행렬을 이루고
샘터에 가까이 다가왔을 때
진심으로 연주하고 노래 부르며
모두 순서대로 샘물을 마셨다.
그들은 거기를 통과해 출발했고
나중에 산들을 넘어 갔으며
오두막집들이 있고 동굴이 있는
곳으로 들어갔다.

나는 덤불 속에 잘 숨어 있었고
이미 많은 시간이 흘렀을 때
후안 데 메나가 나를 못 본 채
옆을 지났지만 곧 나를 보았다.
나를 매우 잘 알아보았고
내 여행의 이유를 알아챘다.
내가 충분한 휴식을 취하도록
샘터에서 물을 마시게 했다.

그는 나와 오래 말을 나눴고
오두막과 동굴을 보여 주었다.
위대한 페르난도 왕에 관하여
질문을 결코 중단하지 않았다.
위대한 승리와 권력, 그리고
그에 못지않은 위대한 여왕이신
감미로운 이름의 주인공 이사벨
그의 명성은 세상에 회자된다.

[…]

내가 무리에서 떠나려 했을 때
그는 바삐 나에게 말했다.
"주님이 행복하게 해 주시길,
그 왕실에 대해 더 자신을 갖고
기록할 때까지 멈추지 마시오.
욕심을 갖고 더 다가서시오.
명성과 그 집을 발견할 때까지

곧바로 걷기를 멈추지 마시오."
(ed. Rambaldo, 1978, 121-176쪽)

알레고리 여행이 진행되는 동안 이야기의 주인공이자 동시에 신의 계시를 받아 기독교 공동왕의 위업을 찬양하게 되는 주인공은 다름 아닌 작가인 후안 델 엔시나이다. 이는 자신이 그러한 스페인 기독교 공동왕들의 불멸의 영광을 찬양하는 장본인임을 강조하고자 하는 정치적 목적을 토대로 한다. 또한 그 여행을 하는 동안 주인공의 동반자이자 조언자 역할을 하는 인물은 바로 스페인의 15세기 알레고리 시 문학의 대가인 후안 데 메나(Juan de Mena)이다. 이 인물은 이사벨 여왕의 아버지인 후안 2세(Juan II)의 왕실 서기를 지낸 충신으로서 15세기 초 카스티야 정치계를 비평한 《운명의 미로》(1444)를 쓴 지성인이기도 하다. 후안 델 엔시나가 후안 데 메나를 내용 구성의 핵심적인 인물로 부각시킨 이유는 작가들 간의 문체적 경향이 매우 근접함과 동시에 카스티야의 트라스타마라 왕실을 지지하는 후안 데 메나의 정치적 명분을 계승한다는 점을 강조하기 위해서라고 본다.

2부
주요 작품 번역

1.《영혼과 육체의 논쟁》(12-13세기)[31]

— "Si quereedes oyr lo que uos quiero dezir
dizre nos lo que vi, nol nos I quedo fallir.
Un sabado esient, domingo amanezient,
ui una grant vision en mio leio dormient;
eram' asemeiant que so un lenzuelo nueuo
jazia un cuerpo de uemne muerto;
ell alma era fuera e fuert mientre que plera;
ell alma es ent esida, desnuda ca non uestida,
e quisa dun jfant fazie fuelo tan grant.
Tan grant fuelo fazie al cuerpo maldizie,
fazi tan grande suelo e maldizie al cuerpo;
al cuerpo dizo ell alma: de ti lieuo mala fama,
tot siempret' malfizre, ca por ti penare,
que nunca fecist cosa que semeias fermosa,
ni de nog nin de dia de lo que io queria;
nunca fust a altar por I buena oferda dar,
nin fiezmo nin primencia ni vuena penitencia;
ni fezist oracion nunca de corazon,

31 《영혼과 육체의 논쟁》(*Disputa del alma y el cuerpo*)의 현존 스페인어 판본들 중 12-13세기경에 쓰인 가장 오래된 판본으로 스페인 오냐(Oña)에서 발견되었다. 비록 작품의 앞부분 이외에 나머지 부분이 모두 소실된 상태이지만 이 책의 바로 뒤쪽에 전사된 1382년 판본인《영혼과 육체의 대결》(*Disputa del cuerpo e del ánima*)과 비교해 볼 때 동일 작품일 가능성이 높음을 알 수 있다. 본 텍스트는 마누엘 알바르(Manuel Alvar, 1991)가 제공한 원문 전사본에 의거하여 확립되었다.

cuando iuas all elguesia asentauaste a conseia,
I fazies tos conseios e todos tos treveios;
apostol nin martjr nunca quisist seruir,
iure par la tu tiesta que no curaries fiesta,
nunca de nigun santo no curest so disanto,
mas not faran los santos aiuda mas que a una bestia muda;
mezquino, mal fadado, ta mal ora fuest nado!
que tu fueste tan rico, agora eres mesquinu!
dim, ¿o son morauedis azaris et melequis
que solies manear et a menudo contar?
¿o son los palafres que los quendes ie los res
te solien dar por to loseniar?
¿los cauallos corrientes, las espuelas punetes,
las mulas bien amblatnes, asuueras trainantes,
los frenos esorados, los petrales dorados,
las copas d'oro fino con que beuies to uino?
¿do son tos bestimentos? ¿o los tos guarnimentos
que tu solies festir e tanbien te [⋯]
(ed. Alvar, 1991, 135-136쪽)

제가 말하려는 것을 여러분들이 들어 보시겠다면
본 것을 하나도 빼지 않고 말씀드리겠소이다.
지난번 토요일이 지나 일요일 아침이 밝아올 때
전 놀라운 광경을 꿈에서 보았답니다.
한 죽은 사람의 시신을 보았는데

그는 새 이불 위에 놓여 있었지요.
몸체로부터 영혼이 이탈해 슬프게 울고 있었습니다.
영혼은 옷을 입지 않고 벌거벗은 채
어린애같이 엉엉 울고 있었지요.
그는 큰 소리로 통곡을 하였고
육체를 향해 이렇게 외쳤답니다.
"너의 잘못으로 내가 비판을 받는구나.
평생 나쁜 말을 듣게 될 거야.
너 때문에 내가 죗값을 치르게 되었어.
칭찬할 만한 어떤 일도 넌 한 적 없지.
밤이건 낮이건 내가 원하는 것을 준 적은 없었어.
넌 성전에 가서 제단에 헌납을 한 적도 없지.
십일조 혹은 첫 번째 양 혹은 정화를 위한 고행을 한 적도 없지.
마음을 다해 기도를 드린 적도 없어.
네가 교회를 간다면 넌 사람들을 만나러 가는 거지.
거기서 네 문제를 해결하고 걱정을 잊으려고 했었지.
넌 사도나 순교자처럼 자신을 바치려고 하지 않았어.
너는 어떤 성자도 머리에 담아 두지 않았기에 그 누구도
생각이 없는 동물에게 주는 도움 이상을 주진 않을 거야.
가련하고 불행한 너는 좋지 않은 시기에 태어났었구나.
너는 그토록 부자였지만 이제는 인색하기 짝이 없구나.
너의 주머니에 들어간 그 돈이 이제 어디 있는지 말해 보아라.
네가 그토록 긁어모아 세던 그 동전들이 어디로 갔지?
너의 비위를 맞추려고 왕들과 귀족들이 선물하던 말들은 어디에 있지?
달리던 말들, 날카로운 박차들,

편안한 노새들, 안장깔개들,
금박으로 된 재갈과 황금빛의 안장들,
네가 포도주를 마시던 순금으로 된 잔들은 어디에 있나?
너의 의상들은 어디에 있나? 또한 네가 몸에 걸치던
장신구들과 […]

2.《육체와 영혼의 대결》(1382)[32]

Después de la primera hora pasada
En el mes de enero al noche primera
Quatroçientos e veynt, entrante la era,
Estando acostado en una posasda,
Non pude dormir essa trasnochada;
Vínome un sueño alla al maytino:
Direvos, señores, lo que me avino
fasta que pasó toda el alvorada.

En un valle fondo, escuro, apartado,
Espesso de xaras soñé que andava
Buscando salida e non la fallva.
Topé con un cuerpo que estava finado;
Olia muy mal, seya finchado,
Los ojos quebrados, la faz denegrida,
La boca abierta, la barba cayda,
De muchos gusanos bien aconpañado.

Mirando aquel cuerpo de chica valor,
Oy una voz aguda muy fiera.

32 이 작품의 원제목은 *Disputa del cuerpo e del ánima*이며, 마누엘 알바르(Manuel Alvar, 1991)가 제공한 원문 전사본에 의거하여 확립되었다.

Alcé los mis ojos por ver de quien era:
Vi venir un ave de blanca color,
Deziendo contra el cuerpo: «Ereje traydor,
Del mal que feziste si eras represo,
Por tu vana gloria e muy poco seso
Jamas nel infierno viviré en dolor.»

Asentose queda a su cabeçera
E anduvo el cuerpo todo enderredor
Batiendo las alas con muy gran temor,
Faziendo llanto de estraña manera,
Deziendo cuytada: «Commo soy señera,
Non fallo lugar do pueda guarir!
Escuro fue el dia que ove a venir
A ser tu çercana e tu conpañera.

En tanto que puedo agora aqui estar
Quiero fablar un poco contigo.
Bien sabes tu, el mi mal amigo,
Que por tus errores e tu mal usar
Pecaste e feziste a muchos pecar,
De lo qual repriso ser non quesiste,
E aun penitençia jamas non oviste
Por que yo, mezquina, avré de lazdrar.

De Dios e del mundo pavor perdiste,
Pasaste su ley e sus mandamientos.
Incredulo fuste en tus pensamientos,
Juraste en vano, falsaste e mentiste,
A pobres cuytados sienpre corriste.
Por tu gran gula, luxuria, avariçia,
Açidia, homiçidia, invidia, cobdiçia,
Do yo era linpia, gran mal me feziste.

¿Ado tus moradas, do es tu arreo,
Tu oro e tu plata e tu gran aver,
Tus joyas muy ricas e tu gran poder?
¿Do es tu graçia, ado tu asseo,
Do es tu argullo, ado tu meneo?
Mira agora que fue todo nada:
Todo fizo fin en una braçada
De tierra en que estás, segun que ora veo.

Respóndeme agora a esto que te digo,
Ca tu bien solias de ti dar razon!
¿Non catas agora mi tribulaçión,
Que en alto nin en baxo non fallo abrigo?
¿Commo mudeçiste, mortal enemigo,
De lo que solias fablar e dezir?
Mas me valdria contigo morir

Que nono seguir aquesto que sigo.»

Respuesta del cuerpo

El cuerpo essa hora fizo movemiento,
Alçó la cabeça, pensó de fablar
E dixo: «Señora, ¿Por qué me ulpar
Quieres agora sin meresçemiento?
Ca si dixe o fize fue por tu talento;
Si non, ves agora quanto es mi poder,
Que aquestos gusanos non puedo toller
Que comen las carnes del mi criamento.

Tu mi señora e yo tu servidor:
Mis pies e mis manos por ti se movieron;
Ado tu mandaste, alla anduvieron.
yo era la morada e tu el morador.
Pues ¿por qué me cargas la culpa e error?
Pusto que algo yo cobdiçié,
Pues, poder entero, señora, en ti fue;
¿Por qué me dexavas conplir mi sabor?

Agora non puedo contigo alongar,
Ca non he lugar nin tengo sazon.
Segun me paresçe non as defension

Nin por tu sentençia non quiero pasar.
Vete, por Dios, e dexame estar,
Non me persiguas, que asaz padezco.
Si dizes que yo la culpa merezco
Non dexes, si puedes, de me la cargar.»

Replicato del anima

«Cuerpo maldito de gran trayçion,
Commo desvarias en tu departir!
Ca si tu quesieses la verdat dezir,
Bien sabes qual fue la mi entinçion.
Tres contrarios de mala perdiçion
Fexistes en mi muy gran dañamiento:
En diablo, el mundo e tu el çimiento
Trayades me puesta en vuestra prision.

Non avia lugar de me defender
Con tales contrarios que me perseguian:
Yo yva sin grado do ellos querian,
Pues al non podia con ellos fazer.
E tu con tu acuçia e tu bollescer
Cargaron a mi de carga conplida,
Por lo qual agora non fallo guarida
Nin fallo lugar do pueda estorçer.»

Replicato del cuerpo

«Por justa razon te quiero provar
Que fuste causa de todo pecado,
Ca desque la muerte nos ovo apartado
Fallé sin enbargo mi propio lugar.
Tu nunca podiste aver nin fallar
Lugar nin manera para guaresçer.
Nin te aprovecha ya rebollesçer
Por tanto tu mesma te deves juzgar.»

Replicato del anima

«Cuerpo maldito, lixoso enconado,
Por el gran fedor de tu fedentina
Metieronte en foya, cobrieronte ayna,
Dexaronte dentro a mal de tu grado.
Tu piensas por tanto que as ya librado;
Comigo has de ser aun a derecho;
Avrás gualardon de todo tu fecho:
Nel infierno por sienpre serás condenado.»

Estando mirando esta porfía,
Salió un diablo negro de una espessura,
Mortal espantoso de fuerte figura.

Tenezas de fierro en la mano traya.
E dixo contra el ave: «Vos sodes mia,
Conmigo seredes por siempre heredada;
Alla fallades assaz grand companya.»

Fin

El ave essa hora dió grand apelido
E dixo: «Dios myo, tu que me crieste,
Rey de piedat, librame deste,
Senyor, pues tenés el poder complido!»
Tomala el dyablo, con ella ha fuydo.
Con el grand pesar luego desparté:
Del suenno que vi pasmado finqué,
Ayna perdiera todo my sentido.
(ed. Alvar, 1991, 137-142쪽)

일천삼백팔십이년
일월의 첫 번째 밤
한 시가 지났을 무렵
한 객줏집에 누운 채
잠을 못 이루다 새벽녘에 들어
나는 어떤 꿈을 꾸었소.
동이 틀 때까지 내가 본 것을
독자 여러분께 말씀드리리다.

락로즈가 가득한 깊고 어둡고 외진
골짜기에서 걸어가는 나를 꿈에서 보았지요.
나갈 문을 찾았지만 찾을 수 없었소.
목숨이 다한 주검을 밟게 되었소.
악취가 풍기는 가운데 주검은 부어올랐으며
두 눈은 튀어나온 채 얼굴은 그을려 있었고
입이 열려 수염 난 턱이 툭 처져
그 속에 수많은 구더기가 우글거리고 있었소.

겨우 용기를 내어 그 시체를 쳐다보았을 때
찌르는 듯이 날카로운 어떤 비명소리를 들었소.
누군지 보기 위해 내 눈을 치켜세웠을 때
하얀색의 새 한 마리를 보았소.
그 새는 주검을 향해 말했지요. "파렴치한 배신자,
네가 저지른 악행 때문에 너는 처벌받을 것이다.
너의 허세와 광기로 인해 지옥에서
언제나 고통스럽게 살게 되지."

새가 그의 머리맡에 앉아 머무르다
시신 주변을 한 바퀴 돌고 나서
조심스럽게 날개를 파닥이고
특이한 방식으로 곡을 하며
서글픈 채로 말했다. "외로운 나는
머물 곳을 찾을 길 없네!
너의 친한 동반자가 되기 위해 갔었던

그 날은 불행했었지.

여기 내가 잠시 머물게 되었으니
너와 말을 좀 나누면 좋겠다.
나의 몹쓸 친구여, 잘 알겠지만
너의 실수와 너의 악행으로 인해
죄를 지었고 많은 이들에게 죄 짓게 했지.
이에 대해 너는 비난받으려 하지 않았고
심지어 고행을 하려고 하지도 않았지.
불행한 나는 혼자 고통받아야 했어.

넌 하나님과 세상에 대한 두려움을 잊고
절대자의 법과 계율을 지나쳐 버렸지.
너의 생각에는 의심이 많았고 헛되이
증거하고 거짓말쟁이에다 허풍쟁이지.
불쌍한 사람들을 항상 모른 척했지.
너의 대단한 탐식, 애욕, 인색함,
나태함, 살인, 시기, 탐욕으로
깨끗한 내 자리를 많이 더럽혔지.

A 너의 집은 어디에 있고, 너의 장신구는
너의 금과 은 그리고 너의 부, 아름다운
보석과 너의 큰 권력은 어디 있나?
너의 재능과 너의 훌륭한 용모,
너의 자존심과 거드름은 어디에 있나?

이제 아무것도 아닌 것임을 보아라.
모든 것이 네가 서 있는 땅에 묻혀 버렸고
너의 무덤이 될 것이다.

내가 말한 바에 대해 답해 보아라
구실을 잘 달아 대던 네 자신이 아니더냐!
나의 불안을 이제 보지 못하느냐?
부자나 가난뱅이나 숨을 곳이 없구나.
죽음을 부르는 적이여, 곧잘 말하고
둘러대던 네가 왜 입을 다무는가?
내가 사는 이 세상에서 지내기보다
너와 함께 죽는 편이 나을 것이다."

육체의 답변

그때 시체가 움직임을 보였지요.
머리를 일으켜 세우고 입을 열었소.
그리고 말하길 "마님, 이유도 없이
왜 나를 책망하려고 하시오?
내가 말하고 행한 일을 마음대로 말하는구료.
내 능력이 얼마나 되는지 따져 보시오.
나는 내 살을 파먹는 벌레들을
치울 수조차도 없을 지경이오.

당신은 나의 마님이고 나는 당신의 종이요.

내 두 손과 두 다리는 당신의 뜻에 순종했지요.
당신이 시키는 대로 나는 걸어갔다오.
나는 집이었고 당신은 집주인이었지요.
그런데도 왜 실수와 잘못을 내 몫으로 돌리나요?
만약 내가 무슨 욕심을 부렸다면
그것은 당신의 권능으로부터 부여받은 것이지요.
왜 내 마음대로 하도록 나를 내버려 두셨나요?

이제 당신과 더 대화를 할 수 없어요.
시간도 장소도 더 이상 여력이 없군요.
당신은 변론하기도 힘들어 보이는군요.
나도 당신의 항변과 부딪히기 싫어요.
제발 날 그냥 버려두고 떠나세요.
나도 많이 힘드니 더 이상 쫓지 마세요.
내게 잘못이 있다고 단정한다면, 그것이
가능한지 책임 추궁을 계속해 보세요."

영혼의 항변

"저주받을 몸뚱어리, 이 배신자여,
떠나는 마당에 헛말을 하는구나.
만약 진실을 말하고 싶었다면
내 의중이 무엇인지 잘 알고 있겠지.
내 자신을 잃어버리도록 현혹하는
아주 큰 상처를 입히는 세 가지 원수가

악마와 이 세상과 바로 너 육체이지.
나를 너희들의 감옥에 투옥시켰지.

그렇게 나를 박해하니
나를 지킬 길이 없구나. 나도 모르게
그들이 의도한 곳으로 끌려가는구나.
달리 저항할 길이 없었지.
넌 걱정과 불안한 마음을 들게 해
나를 짓누르며 못살게 굴었지.
그래서 이제 나는 피할 곳이 없고
머물 장소조차도 없구나."

육체의 항변

"정당하게 말하는데, 당신이 바로
모든 죄의 원인을 밝히고 싶습니다.
죽음이 우리를 갈라놓았을 때
내 자리를 비로소 찾았지요.
당신은 어디에 어떻게 지낼 건지
어떤 대책도 갖거나 찾지 않았지요.
마음이 불안한 것도 소용이 없었지요.
그러니 당신 스스로를 판단해 보세요."

영혼의 항변

"저주받을 육신아, 더럽고 썩어 있구나.
너의 부패한 몸에서 발산하는 악취로 인해
너는 구덩이에 던져지고 재빨리 봉해졌지.
너는 억울하다 해도 그 속에 남게 되었지.
이제 해방되었다고 생각하겠지만
아직 나와 함께 재판을 받을 일이 남았지.
네가 행한 일만큼 포상을 받게 되겠지.
지옥에서 영원히 지내도록 판결을 받게 될 거야."

내가 이 논쟁을 지켜보고 있던 중
검은 악마가 덤불에서 튀어나왔는데
그는 쇠로 만든 삼지창을 손에 든
아주 흉측하고 무서운 몰골이었지요.
그는 새에게 말했소. "너는 내 소유물이지,
내 집에 함께 가자꾸나.
그곳에서 너는 영원히 살게 될 거야.
거기서 너는 동행자를 많이 만날 거야."

결론

그때 새는 큰 비명을 지르며
말했지요. "나의 하나님, 나를 창조한 분이시며
사랑의 왕이시여, 나를 악으로부터 구원하소서.

주여, 당신은 전지전능하신 분이시지 않습니까!"
악마는 새를 잡아채어 달아나 버렸지요.
큰 실의에 빠진 나는 벌떡 잠에서 깨어났답니다.
꿈속에 본 것에 놀라 나는 말문이 막히고
내 모든 감각은 순식간에 굳어 버렸지요.

3.《사랑의 논증, 그리고 물과 술의 논쟁》(13세기)[33]

Qui triste tiene su coraçón
benga oyr esta razón.
Odrá razón acabada,
feyta d'amor e bien rymada.
Vn escolar la rimo
que siempre duenas amó;
en Alemania y en Françia,
moró mucho en Lombardía
pora aprender cortesía.

En el mes d'abril, depues yantar,
estaua so un oliuar,
Entre çimas d'un mançanar
un uaso de plata ui estar;
pleno era d'un claro uino
que era uermeio e fino;
cubierto era de tal mesura
no lo tocás' la calentura
Vna duena lo y eua puesto,
que era senora del uerto,

---

33 이 작품의 텍스트는 마누엘 알바르가 1991년에 멕시코에서 출판한 원문 전사본을 사용하였다. 작품의 원제목은 *Razón de amor con los denuestos del agua y el vino*이다.

que quan su amigo uiniese,
d'a aquel uino a beuer le diesse.
Qui de tal uino ouiesse
en la mana quan comiesse:
e dello oouiesse cada dia,
nuncas mas enfermarya.
Ariba del mançanar
otro uaso ui estar;
pleno era d'un agua fryda
que en el mançanar se naçia.
Beuiera d'ela de grado,
mas oui miedo que era encantado.
Sobre un prado pus' mi tiesta,
que nom' fiziese mal la siesta;
parti de mí las uistiduras,
que nom' fizies, mal la calentura.
Plegem a una fuente perenal,
nunca fue omne que uies tall;
tan grant uirtud en si auia,
que de la frydor que d'í yxia
cient pasadas aderedor
non sintraydades la calor.
Todas yeruas que bien olien
la fuent çerca si las tenie:
y es la saluia, y sson as rosas,

y el liryo e las uiolas;
otras tantas yeruas y auia
que sol' nombra no nlas sabria;
mas ell olor que d'í yxia
a omne muerto ressuçitarya.
Prys' del agua un bocado
e fuy todo esfryado.
En mi mano prys' una flor,
sabet, non toda la peyor;
e quis' cantar de fin amor.
Mas ui uenir una doncela;
pues naçi, non ui tan bella:
blanca era e bermeia,
cebelos cortos sobr' ell oreia,
fruente blanca e loçana,
cara fresca como maçana;
naryz equal e dreyta,
nunca uiestes tan bien feyta;
oios negros e ridientes,
boca a razon e blancos dientes;
labros uermeios, nono muy delgados,
por uerdat bien mesurados;
por la çentura delgada,
bien estant e mesurada;
el manto e su brial

de xamet era, que non d'al;
vn sombrero tien en la fiesta,
que nol' fiziese mal la siesta;
vnas luuas tien en la mano,
sabet, non ie las dio uilano.
De las flores uiene tomando,
en alta uoz d'amor cantando.
e deçia: «ay, meu amigo,
si me uere yamas contigo!
Amet sempre, e amare
quanto que biua sere!
Por que eres escolar,
quis' quiere te deuria mas amar.
Nunqua odi de homne deçir
que tanta bona manera ouo en sí.
Mas amaria contigo estar
que toda Espana mandar.
Mas d'una cosa so cuitada:
e miedo de seder enganada;
que dizen que otra duena,
cortesa e bela e buena,
te quiere tan gran ben,
por ti perde su sen;
e por eso e pauor
que a esa quieras mejor.

Mas s'io te uies' una uegada,
a plan me queryes por amada!»
Quant la mia senor esto dizia,
sabet, a mi non uidia;
pero sé que no me conoçia,
que de mí non foyrya.
Yo non fiz aqui como uilano,
leuem' e pris la por la mano;
junniemos amos en par
e posamos so ell oliuar.
Dix le yo: «dezit, la mia senor,
si ssupiestes nunca d'amor?»
Diz ella «a plan, con grant amor ando,
mas non connzco mi amado;
pero dizem' un su mesaiero
que es clerygo e nono caualero,
sabe muio de trobar
de leyer e de cantar;
dizem' que es de buenas yentes,
mancebo barua punnientes.»
-«Por Dios, que digades, la mia senor,
que donas tenedes por la su amor?»
-«Estas luuas y es' capiello,
est' oral y est' aniello
enbió a mí es' meu amigo,

que por la su amor trayo con migo.»
Yo connoçi luego las alfayas,
que yo ie las auia enbiadas;
ela connocio una mi cinta man a mano,
qu'ela la fiziera con la su mano.
Tolios' el manto de los onbros,
besome la boca e por los oios;
tan gran sabor de mi auia,
sol fablar non me podia.
«Dios senor, a tí loado
quant conozco meu amado!
agora e tod bien comigo
quant conozco meo amigo!»
Vna grant pieça ali estando,
de nuestro amor ementando,
elam dixo: «el mio senor, oram' serya de tornar,
si a uos non fuese en pesar.»
Yol' dix': «yt, la mia senor, pues que yr queredes,
mas de mi amor pensat, fe que deuedes.»
Elam' dexo: «bien seguro seyt de mi amor,
no uos camiaré por un enperador.»
La mia senor se ua priuado,
dexa a mí desconortado.
Que que la ui fuera del uerto,
por poco non fuy muerto.

Por uerdat quisieram‘ adormir,
mas una palomela ui;
tan blanca era como la nieu del puerto,
uolando uiene por medio del uerto,
En la fuente quiso entrá,
mas quando a mí uido estar,
entrós en el uaso del malgranar.
Quando en el uaso fue entrada
e fue toda bien estryada,
ela que quiso exir festino,
uertiós‘ al agua sobre ’l uino!

*

Aquis copiença a denostar
el uino, y el agua a maliuar.
El uino faulo primero:
«mucho m’es uenido mal conpanero!
Agua, as mala mana,
non quieria auer la tu compana;
que quando te legás a buen bino,
fazes lo feble e mesquino.
-«Don uino, fe que deuedes,
¿por quales bondades que uos auedes
a uos queredes alabar,
e a mí queredes aontar?
Calat’; yo e uos no nos de nostemos,

que uuestra mannas bien las sabemos:
bien sabemos que recabdo dades
en la cabeça do entrades;
los buenos uos preçian poco,
que del sabio feçedes loco;
no es homne tan senado,
que de ti ssea fartado,
que no aya perdio el ssesso y el recabdo.»
El uino, con sana pleno,
dixo: «don agua, bierua uos ueno!
Suzia, desberconçada,
salit buscar otra posada;
que podedes a Dios iurar
que nunca entrastes en tal lugar;
antes amaryella e astrosa,
agora uermeia e fermosa.»
Respondio el agua:
Don uino, que y ganades
en uillanias que digades?
Pero si uos en apagardes,
digamos uos las uerdades:
que no a homne que no lo sepa
que fillo sodes de la çepa
y por uerdat uos digo
que non ssodes pora comigo;

que grant tiempo a que uuestra madre sserye arduda,
ssi non fusse por mia iuda:
mas quando ueo que le uan cortar,
ploro e fago la leuar.»
Respondio el uino luego:
-«Agoa, entiendo que lo dizes por iuego.
Por uerdat plaçem' de coraçón,
por que somos en esta razón,
ca en esto que dizes puedes entender
cómo es grant el mio poder,
ca ueyes que no é manos ni piedes
e io derribo e muchos ualientes;
e sí farya a quantos en el mundo son,
e si biuo fuese, Sansón.
E dexemos todo lo al:
la mesa sin mi nada non ual.»
Ell agua iaze muerta ridiendo
de lo quel uino está diziendo:
-«Don uino, sí nos de Dios salut,
que uos me fagades agora una uirtud:
ffartad bien un uillano,
no lo prenda niguno de la mano,
e si antes d'una pasada no cayere en el el lodo,
dios ssodes de tod' en todo.
E si esto fazedes,

otorgo que uençudam' auedes:
en una blanca paret
cinco kandelas ponet,
e si el beudo non dixiere que son ciento,
de quanto digo de todo miento.»
-«Par Dios, diz el uino, mucho somos en buena razón,
si comygo tuuieres entençión.
Quieres que te diga ahora una cosa?
no se res tan lixosa:
tú sueles cales e caleias mondar,
···y andar;
por tantos de lixos de lugares
delexas tu senalles,
e sueles lauar pies e manos
e linpiar muchos lixos panos,
e sueles tanto andar con poluo masclada
fasta qu'en lodo eres tornada.
E a mi sienpre me tienen ornado
de entro en buenas cubas condesado;
e contart'é otras mis manas
mas temo que luego te asanas:
yo fago al çiego ueyer
y al coxo corer
y al mudo faublá
y al enfermo organar;

asi com' dize en el scripto,
de mi fazen el cuerpo de Iesu Sristo.»
-«Asi, don uino, por carydad,
que tanta sabedes de diuinidat!
(ed. M. Alvar, 1991, 149-157쪽)[34]

슬픈 마음을 가진 이여,
여기 와 이 얘기를 들어 보시오.
사랑에 관해 꽤 괜찮게 쓴
좋은 시를 들을 거요.
여성을 항상 사랑해 온
어떤 학생이 지은 시라오.
독일과 프랑스에서
자라며 배운 그는 롬바드에 살며
궁중 예법을 배웠다 하오.

사월의 하루, 점심을 먹고 나서
올리브 밭 그늘에서 쉬고 있었지요.
사과나무 가지 사이에 놓인
은으로 된 잔을 나는 보았습니다.
거기에는 붉고 부드럽고,
맑은 포도주가 담겨 있었지요.
태양 볕이 데우지 않도록

34 현존 판본은 후미 부분이 소실된 불완전한 텍스트이다.

조심스럽게 덮여 있었습니다.
그렇게 준비한 여성이 있었는데
그녀는 과수원의 주인이었지요.
지금 기다리고 있는 남자친구가 오면
그녀는 그 포도주를 주려고 한답니다.
매일 오전 중 식사할 무렵에
그 포도주를 들이켠다면
절대 몸이 아프지 않을 거예요.
사과나무 위에
또 다른 잔이 있는 것을 보았습니다.
거기엔 과수원에서 솟아나는
차가운 물이 가득 담겨 있었지요.
그런 물을 마시면 좋으련만
왠지 무서워졌습니다.
들판에 몸을 눕히고
낮잠을 자기가 좋은 때였습니다.
너무 더위를 타지 않기 위해
옷을 벗어 던졌습니다.
그리고 항상 솟는 샘물에 다가가
누구도 그러한 것을 본 적 없는
그 자체로 황홀한 광경을 보았지요.
그로 인한 효과로
서늘함이 풍겨 나와
주변 백 리까지
더위를 물러나게 했답니다.

그 주변의 샘물은
모든 식물을 향기롭게 했지요.
샐비어, 그리고 장미,
붓꽃과 제비꽃,
또 다른 많은 풀들은 이루
헤아릴 수 없이 많아서
그 향기는 죽은 사람조차도
소생시킬 정도였습니다.
물을 한 모금 마시니
갈증이 완전히 없어졌지요.
아시겠지만, 그 꽃들 중 꽤 괜찮은
꽃 한 송이를 손에 잡으니
사랑 노래를 부르고 싶어졌답니다.
한 소녀가 오는 것을 보았습니다.
내 평생 그토록 예쁜 사람은 처음 보았지요.
그녀는 희고 붉은색이었습니다.
귀를 덮은 짧은 금발 머리카락
희고 아름다운 이마
사과 같은 상큼한 얼굴
안정되고 똑바른 코
그렇게 잘생긴 사람을 보질 못했지요.
미소를 머금은 검은 눈동자
편안한 입과 하얀 치아들
그렇게 가늘지 않은 분홍빛의 입술
정말 잘 어울렸지요.

가느다란 허리에는
당당함과 조화가 서려 있고
망토와 가운은
실크로만 만들어졌으며
머리에는 큰 모자가 씌워져
대낮 햇볕이 피해가게 했답니다.
손에는 장갑이 끼워져 있었는데
아시겠지만, 소인이 준 것은 아니었지요.
꽃을 들고 가면서
사랑의 노래를 크게 불렀습니다.
부르기를, "아 내 사랑이여,
언제나 내 님을 만날까!
언제나 사랑했듯이
살아가는 동안 언제나 사랑할 거야!
당신은 배웠으니
더 사랑을 받아야 해요.
당신의 예법보다 더 좋은 것이
있다고 사람들에게 들어 본 적 없어요.
스페인 전체를 가지는 것보다
당신과 있는 것이 더 좋아요.
하지만 걱정이 하나 있어요.
내가 속을까 봐 무서워요.
일컫기를, 한 여인이 있었는데
양반에다 아름다우며 착한 분이었지요.
당신을 너무나 사랑하다가

당신에게 마음을 빼앗겨 버렸지요.
그래서 무서워요.
그 여인을 더 좋아할까 말이에요.
하지만 당신을 한 번 보게 된다면
나를 연인으로 원할 것을 자신해요."
사랑스런 소녀가 이렇게 말할 때
아시겠지만, 나를 보지는 않았습니다.
하지만 나를 알아볼 때에도 내게서
도망치지 않을 것이라 알았지요.
여기서 나는 예의 없이 행동하지는 않았지만
그쪽으로 가 그 소녀의 손을 잡았지요.
우리는 같이 만나서
과수원 아래에 자리를 잡았지요.
내가 말하길 "여인이여 말해 보시오.
사랑에 대해 아는 것이 있다면 말이오."
그녀가 말하길, "정말, 사랑에 빠졌지요.
하지만 내 님을 잘 모른다오.
그렇지만 심부름꾼이 말하기를
그는 기사가 아닌 유식한 사람이라오.
시를 읊을 줄도 알고
읽거나 노래할 줄도 안다오.
내게 말하길, 그는 좋은 집안 출신에다
수염을 기른 청년이라오."
[청년] "오, 나의 아가씨, 당신의 사랑을
받으려면 어떻게 해야 할지 말해 주시오."

[소녀] "이 장갑과 이 모자,
이 스카프와 이 반지는
내 님이 보내 준 것이라오.
그의 사랑에 대한 징표이지요."
그 후 그 보석이 내가 보내 준
것임을 깨달았습니다.
그녀는 내가 손에 감고 있던 리본이
자신이 수놓은 것임을 깨달았지요.
어깨에 걸친 망토를 걷어내고
내 입과 눈에 입을 맞추었습니다.
얼마나 큰 환희를 느꼈는지
말조차 할 수 없었습니다.
"하나님, 감사합니다.
마침내 내 님을 만났습니다.
이제 나와 함께 있으니
마침내 내 님을 알게 되었습니다."
그곳에서 내 님과 말하며
잠시 즐거운 시간을 보낸 후
그녀는 말했지요. "내 님이여 괜찮다면
이제 돌아가야 할 시간이 되었어요."
나도 답했지요. "가시려면 가시지요.
하지만 내게 약속한 사랑은 잊지 마세요."
그녀는 말했지요. "내 사랑은 확고해요.
황제라도 당신에 대한 사랑을 바꿀 순 없어요."
나의 사랑스런 소녀는 바쁜 걸음으로 떠나고

나는 위로받지 못한 채 남아 있었지요.
과수원 밖에서 그녀를 보았을 때부터
나는 심장이 멈추는 듯했습니다.
잠이 너무나 심하게 몰려왔을 무렵
비둘기 한 마리를 보았습니다.
산봉우리에 덮인 눈같이 아주 흰색이었습니다.
과수원 중간으로 날아 왔지요.
샘물에 가까이 다가오려고 했지만
그곳에 있는 나를 보게 되자
석류 컵에 내려와 앉았습니다.
그 새가 컵 속에 들어와서
더위를 완전히 식히고 나서
재빨리 날아가려고 하다가
물을 포도주 위에 엎지르고 말았지요.

이때 포도주는 물에게 면박을 주고
물은 포도주를 막 대하기 시작했지요.
포도주가 먼저 말했습니다.
"고약한 친구가 이쪽으로 오는군!
물아, 너는 나쁜 마음을 가졌어.
너와 같이 있고 싶지 않아.
맛좋은 포도주와 함께 있다가 섞게 되면
넌 포도주를 약하고 병들게 만들지."
"술아, 생각하는 대로 말해 봐,
네가 찬양하고 싶은 것이 도대체

어떤 관점에서 좋다고 말할 수 있지?
그럼에도 불구하고 나한테 대들어?
말을 삼가게, 서로 험담할 필요가 없잖아.
너의 음흉한 속셈을 난 잘 알고 있어.
네가 머릿속에 들어와 전해 준
충고를 잘 기억하고 있단 말이야.
바른 사람들은 널 좋은 이라고 생각하지 않아.
넌 똑똑한 사람들을 멍하게 만들기 때문이지.
너로 인하여 힘이 빠져 아무리 정신을
차리려 해도 현명함과 충실함을
잃어버리지 않은 사람이 없어."
포도주가 분노에 차서 말했다.
"물아, 넌 날 웃기고 있어.
추하고 부끄러움도 없는 녀석,
다른 곳으로나 가 버려.
이곳에서는 단 한 번도
있은 적이 없었다고 말해 보지.
이전엔 누렇고 너저분했지만
이제는 붉게 아름답잖아."
물이 대답했지요.
"포도주여, 네가 보여 주는
천박함으로 얻을 것이 과연 뭘까?
하지만 네가 진정 원한다면
네게 진실을 말해 주지.
네가 그루터기의 자식이라는

사실을 부정하는 사람이 없어.
그러니 말하건대
넌 나의 상대가 되지 않아.
내 도움이 없었더라면 오래전에
네 어미는 화형에 처해졌을 거야.
사람들이 그것을 뽑아내려 할 때
나는 눈물을 흘려 그것이 자라도록 해 주지."
그 다음 포도주가 대답했습니다.
"지금 넌 말장난같이 말을 하고 있어.
우리가 이렇게 논쟁을 벌인다는 것이
정말이지 날 웃기는군.
네 말을 통해 볼 때 내 능력이
얼마나 위대한 지 이해할 수 있겠지.
보다시피 나는 손발이 없어도
강한 자들을 무찌르지.
세상 사람들이 얼마나 되던지
삼손이 살아난다 해도 난 괜찮아.
그러니 이쯤에서 그만두지.
내가 없는 식탁은 아무런 쓸모가 없어."
물은 포도주의 말을 듣고 나서
웃음이 나서 죽을 지경이었습니다.
"술아, 괜찮다면 제발
지금 부탁 하나만 들어줄래.
한 촌사람에게 술을 잔뜩 먹이고 나서
부축하지 말고 놔뒀을 때,

만약 그가 첫 걸음에 진흙탕에 고꾸라지지

너를 능력이 대단한 신으로 모실게.
그리고 네가 그렇게 한다면
네가 나를 이겼다고 인정할게.
다섯 개의 촛대를
흰 벽 앞에 세웠을 때
술 취한 사람이 수백 개라고 말하지 않는다면
나는 거짓말쟁이라고 불러도 좋아.
포도주가 말하길, "네가 괜찮다면,
우리가 타협을 할 수 있어.
뭐 하나 얘기해도 괜찮을까?
나는 더 역겨운 것을 본 적이 없어.
넌 큰 길, 작은 길에 고여 있고
또 흘러 다니지.
그런 장소를 흘러 다니며
너의 여기저기서 사용되지.
손발을 씻은 물과
많은 걸레를 빨은 물
진흙으로 변할 때까지
먼지와 뒤엉켜 있곤 하지
한편 사람들은 나를 항상 좋은 잔 속에
두고 귀하게 다루지
나의 또 다른 이점을 얘기하면
나중에 네가 화낼까 두려워.

나는 장님이 눈을 뜨게 만들고
절름발이가 달리도록 만들지.
또 벙어리가 말하게 하고
환자가 병에서 낫도록 도와주지.
복음서에 쓰여 있듯이 나로 인해
예수 그리스도의 몸이 창조되지."
[물이 말하길] "포도주여, 그토록
신에 대해 많이 알고 있구나."

4.《사랑에 반감을 갖고 마시아스가 지은 가요》(15세기 초)[35]

Amor cruel é bryoso,
mal aya la tu altesa,
pues non fases ygualesa
seyendo tal poderoso.

Abaxó me mi ventura
non por mi mereçimiento
e por ende, la ventura
puso me en grant tormento.
Amor, por tu fallimiento
e por la tu grant cruesa
mi coraçon con tristesa
es puesto en pensamiento.

Rey eres sobre los Rreyes,
coronado emperador,
do te plase van tus leyes
todos an de ty pavor,

35 이 텍스트(원제목: "*Esta cantyga fiso Maçías contra el Amor, enpero algunos trobadores disen que la fiso contra el Rrey don Pedro*")는 현존 판본들 중 가장 오래된 것으로 후안 알폰소 데 바에나가 1430년경에 제작하여 후안 2세에게 봉헌한 《가요집》(*Cancionero de Baena*)의 원문에 대한 최초 비평판본(에우헤니오 오초아의 '서문', Madrid, 1851)을 전사한 것이다. 이 가요집의 유일 고본은 현재 파리국립도서관(Bibliothèque Nationale de Paris)에 소장되어 있으며 해당 필사본의 108쪽 후면에 존재한다.

e pues eres tal sseñor
non fases comunalesa;
sy entyendes que es proesa,
non soy ende judgador.

So la tu cruel espada
todo omne es en omildança,
toda dueña mesurada
en ty deve aver fiança.
Con la tu briosa lança
ensalças toda vilesa,
e abaxas la noblesa

¿Ves, Amor, por qué lo digo?
Sé que eres cruel é forte,
adversaryo ó enemigo,
desamador de tu corte,
al vyl echas en tal sorte
que por pres le das [alteza],
quien te sirve en gentilesa
por galardón le das morte.
(*Cancionero de Baena*, 308번)

잔인하고 오만한 사랑이여
그대의 위용에는 어둠이 서려 있소,

그토록 전능하지만
일관성은 갖질 못했구려.

나의 의도와는 관계없이
내 운명은 나를 저버렸소.
그래서 운명은 나를
큰 고통 속에 몰아넣었소.
사랑이여, 그대의 실수로 인해
그대의 큰 잔인함으로 인해
슬픔으로 찬 내 가슴은
수심에서 벗어나질 않는구려.

왕 중의 왕이며
황제의 관을 쓴 그대여,
그대의 법이 지난 곳을 휩쓸고
모두가 그대를 무서워하는
그런 왕에 불과하며
정의를 모른 척하는구려.
그걸 제대로 된 것이라 착각한다면
더 이상 나는 판단할 길이 없구려.

그대의 잔인한 칼 아래
모든 이들이 굴욕을 느낀다오.
정숙한 모든 연인들은
그대를 불신하게 된다오.

그대의 오만한 칼질은
온 천박함을 부추기고
고귀함을 저속하게 한다오.

사랑이여, 왜 이런 말을 하는지 아시오?
그대가 잔인하고 혹독하며
경쟁자에다 원수이며 그대의 신하들에게
외면당하는 자임을 알고 있소.
천박한 자들에게 명예를 주어
높은 곳에 앉도록 하지 않소.
그대를 올바르게 대하는 이들에게
그대는 죽음을 보상으로 내리지 않소.

5.《마시아스가 자신의 현실을 한탄하며 지은 가요》(15세기 초)[36]

Provér de buscar mesura
o mesura non fallesçe
e por mengua da ventura
ovyeron me lo á sandeçe;
Por ende, dyrey de sy
con cuidado que me creçe
un trebello é dyse asy:
Anda meu coraçon
muy triste e con rason.

Meus ollos tal fermosura
fueron ver por que peresçe
mi coraçon con trystura
e Amor non me guaresçe,
nin me pone tal consello
por que yo prenda ledeçe;
por en digo este trebello:
Ben puede Deus fazer
tras grant pesar, plaser.

Estos trebellos cantey

36《바에나 가요집》의 필사본(109쪽 전면)을 통하여 확인되는 이 작품의 제목은 "*Esta cantiga fiso é ordenÓ el dicho Maçías quexandose de sos travajos*"이다.

con coyta desd' aquel dya
que mesura demandey
e yo vi que fallesçia.
"Mesura!" morroy chamando
e dixiendo á grant porfya,
tal trebello sospirando:
Meus ollos morte son
de vos, meu coraçon.

Poys mesura non achey
o fallesçer non solya,
mesura logo olvidey
e canto plaser avya.
Con pesar que tenno migo
e tristeza toda vya,
aqueste trebello digo:
Bon Deus, a mí faz aver
por gran pesar plazer.
(*Cancionero de Baena*, 310번)

엄숙함이 지속되는 곳에서
나는 평정심을 찾으려 애를 썼고
열악한 운명으로 인하여
정신을 차릴 수 없었소.
그래서 이제서 말하건대

내 마음속에 조심스레 커지는
애절한 탄식, 이렇게 말하고 있구려.
내 마음은 아주 슬프지만
이성을 잃지 않고 살아간다오.

그 아름다움을 내 두 눈은
보러 갔었소, 왜 내 마음이
슬퍼지는지, 그리고
왜 사랑은 나를 치료도,
충고도 해 주지 않는지,
기쁨을 가질 수 있게 말이오.
나는 이 슬픈 가사를 읊는다오.
큰 고통이 사라진 뒤 하나님은
환희를 줄 수도 있겠지요.

그런 날이 오면 나는
이 애가를 슬프게 불렀소.
겸손한 마음을 찾았다오.
하지만 이미 소멸되고 없었소.
숙연한 마음이여! 그댈 부르며
크게 싸우듯이 말하고
그토록 슬픈 노랠 부른다오.
내 두 눈은 당신을 향한
내 마음 때문에 정지되어 버렸소.

엄숙함이 지속되는 곳에서
신중을 더 이상 찾을 수 없어,
곧바로 나는 겸손을 잊었고
얼마나 큰 기쁨을 누렸는지.
내가 항상 지니고 있는
고뇌와 슬픔으로
그 탄식의 노래를 부른다오.
신이시여, 큰 고통이 사라진 뒤
환희를 선사해 주소서.

6. 《알폰소 알바레스가 엔리케 왕이 톨레도에서 임종했을 때 기록한 데시르》(1406)[37]

La noche terçera de la Redempçión
del año de mill quatro çientos é syete
non sé en qual guisa mis manos apriete.
tan grande pavor ove de una vission,
Que vi, en figura de revelacion,
a tres dueñas tristes que llanto fasian,
que en los semblantes bivas paresçian,
cubiertas de duelo é de tribulaçion.

La una traya corona de esparto,
su cara fermosa rronpida é sangrienta;
la otra una espada desnuda, orinienta,
la mançana ayusso, quebrado el un quarto;
la otra gemia como dueña en parto,
teniendo en sus manos una cruz de palo.
E yvan disiendo: «Ay, mundo vyl, malo,

37 《바에나 가요집》에 존재하는 이 작품의 제목은 다음과 같다. Cf. 파리 필사본 15쪽의 후면: "Este dezir fiso el dicho Alfonso Álvarez quando el dicho señor Rey don Enrryque finó en la cibdat de Toledo el domingo de Navidat del año de mill é quatro cientos é syete; el qual dezir es muy bien fecho é de sotil invençion, é adelante deste dicho dezir estan otros dezires los quales tractan del dicho ffynamento del señor Rey."(이 데시르는 알폰소 알바레스 데 비야산디노가 1407년 성탄절 일요일 엔리케 왕이 톨레도에서 임종했을 때 지었다. 이 데시르 앞에 이 왕의 소천에 대한 또 다른 데시르가 있다.)

de tus movimientos me quito é me parto».

Yo quando las vi, maguera llorosas,
sentí que eran dueñas de muy alta guisa,
e con reverençia, commo quien se avisa,
fynqué los finojos diciendo: «Fermosas,
¿qué nuevas son estas atán dolorosas,
o por quien fazedes llanto tan esquivo,
o commo diré ally donde bivo,
quales son los nombres de tales tres cosas?»

La primera dixo con muy grant manzilla:
«¿E tú non me ves qui so la muy tryste
doña catalina que tú ayer viste
assaz consolada Reina de Castilla?
E agora me vees llamando: Mesilla!
Perdí mi marido, mi Rey, é mi señor:
assy que jamas bivré con dolor
poniendo mi mesa syn rica baxilla.»

La segunda dixo: «Yo so la Justiçia,
señera é amarga, syn todo abrigo,
perdí mi pilar, mi Rrey, mi amigo,
que me sostenia syn toda maliçia;
agora, cuytada, toda mi cobdiçia

es ir á bevir a yermos estraños
bien como vevia fasta los veynte años,
salvo si se enmienda alguna avariçia.»

En vos dolorida, con gesto lloroso,
la terçera dixo, fablando muy quedo:
«Yo soy la Iglasia grande de Toledo,
a quein apartaron de su buen esposo,
e agora me quieren casar é non oso
al casamiento dezirle de non,
por que los que vienen de contra Aviñón
afirman al novio por muy generoso.»

E, desque la causa vy tan declarada,
muy bien entendí las dueñas quien eran,
e dixeles: «Señoras, los que deseperan
peresçen é pierden la gloria otorgada;
e vos, gentil Reyna, quedades casada
con vestro bien fijo, lyndo Rrey don Juan,
por quien las Españas vos adoraran
e assy bivireds servida é loada.

A vos, la Justicia, de Dios mucho amada,
buscado vos tengo un noble marido,
el gentil Ynfante, de bondad guarnido,

con quien vos devedes tener por onrrada;
e desque con él vieren vos juntada
de todas las gentes seres temida;
pues non vos quitedes de aquesta partida,
que muy neçessaria nos es vuestra estada.

E á vos, poderosa Iglesia, doctada
por uno de tres que son en el mundo,
load el primero, tomad al segundo,
pues viene la cosa por Dios ordenada,
que ya conteçió alguna vegada
perder su gran humbre el sol por fortuna.
Pues, dueña, gosavos con la clara luna,
que de vuestro estado non se pierde nada.»
(*Cancionero de Baena*, 34번)

일천사백칠년
서거 후 셋째 날 밤이었다.
얼마나 세게 손을 쥐었는지 모르겠다!
모습을 드러낸 어떤 환영을 보고
나는 큰 공포에 휩싸였지.
슬퍼하는 세 여자가 통곡을 하였는데,
겉으로 보니 고통과 불안으로
가득한 과부처럼 보였다.

그중 한 명은 불로 된 왕관을 썼으며
그녀의 아름다운 얼굴은 상하고 피가 나 있었다.
칼집 없이 녹슨 칼을 또 다른 여성이 들고 있었는데
칼의 손잡이 밑둥치가 사분의 일 정도 부서져 있었다.
세 번째 여자는 애를 놓는 여자처럼 울부짖었으며
그의 손에는 긴 십자가가 들려 있었다.
그들이 말하기를, "아, 천박하고 사악한 세상이여,
너의 행태 때문에 내가 괴롭고 못 산다!"

내가 그들을 보았을 때, 비록 울고 있었지만
고상한 외관을 지닌 마님들이라는 생각이 들었다.
소개를 하기 위해 나는 예의를 갖추고
무릎을 구부리며 말했다. "아름다운 분이시여,
무슨 연유로 그렇게 고통스러워하십니까?
누구 때문에 이렇게 뼈저린 통곡을 하십니까?
내가 살고 있는 저기 무슨 일이 일어났나요?
여기 세 분의 성함이 무엇입니까?"

첫 번째 여인이 크게 슬퍼하며 말했다.
"그대는 내가 가장 슬픈 사람임을 보지 못하고 있소?
나는 어제 그대가 만난 카스티야의
여왕인 카탈리나요.
그대는 이제 나를 불운!이라고 부르며 보지 않겠소?
나는 내 남편이자 나의 왕이시고 선도자이신 이를 잃었소.
그러니 나는 언제까지나 슬프게 살아가려 하오.

내 식탁에 화려한 접시를 놓지 않으며 말이요."

두 번째 여인이 말했다. "나는 '정의'라 하오.
외롭고 쓰리고, 바람막이가 사라졌구려.
나의 정신적 지주이자 왕이자 친구이신 이를 잃었소.
모든 악에 대항토록 나를 지탱해 주셨지요.
이제 비탄에 잠긴 나는
낯선 황야로 떠나 살아갈까 하오.
이십 년이 지나
욕망이 사라진 그곳으로 말이오."

비탄에 잠긴 목소리와 울먹이는 표정으로
세 번째 여인이 매우 엄숙히 말했다.
"나는 '톨레도 대교회'라고 하오.
나의 남편격인 분을 멀어지게 한 이들이
다른 이가 아닌 나와 결혼하기를 원하는구려.
나는 결혼을 하지 않겠다고 말했답니다.
아비뇽에서 온 사람들이
신랑이 아주 너그럽다고 주장했기 때문이오."

그 이유가 잘 설명되어서
그 여인들이 누구인지 분명히 이해했으니
그들에게 말했다. "마님들, 좌절하는 사람은
게으르고 주어진 영광을 잃게 되지요.
아름다우신 여왕이여, 당신의 좋은 아들인

잘생긴 왕인 돈 후안이 있으니 결혼은 지속됩니다.
그로 인해 스페인은 당신을 사랑할 것이며
당신은 모심을 받고 칭송을 받을 것이오.

하나님에게 많이 사랑받은 정의여,
당신을 위해 귀품이 있는 남편감을 찾았으니
그는 어진 성품의 잘생긴 왕자(페르난도)이십니다.
당신은 영광스럽게 여겨야 하며
그와 함께 하는 순간부터
많은 사람들이 당신을 두려워할 것입니다.
거기로부터 멀어지지 마세요.
당신의 존재는 아주 필수불가결합니다.

그리고 당신, 은혜를 받은 권능의 교회여
이 세상의 셋 중 하나인 당신은
첫 번째를 칭송하고 두 번째를 수용하시오.
자상하신 하나님으로부터 모두 온 것입니다.
가끔씩 태양이 폭풍으로 인해
그의 거대한 빛을 잃어버릴 때가 있지요.
그러니 마님, 밝은 달을 즐기세요.
당신의 상황에서 아무것도 잃을 것이 없답니다."

7. 《트로바도르들을 비평하기 위한 주장과 질문을 담아 비야산디노가 지은 데시르》(15세기 초)[38]

A mí bien me plaze por que se estienda
la gaya çiençia en bocas de tales,
que sean donossos fidalgos leales
e troben limado syn pavor de emienda;
mas pues que los torpes ya sueltan la rryenda,
quemen sus libros do quiera que son
Virgilio é Dante, Oraçio é Platón
e otros poetas que diz la leyenda.

Aqui todo bueno su seso despienda
e juntense algunos de los naturales,
legos é artistas é retorycales
que han é ovieron onrrossa bivienda;
apaguen tal fuego por que non se ençienda,
mandando que callen aquellos que non
resçiben por graçia divina este don
de la poetría: todo omme lo entienda.

---

38 알폰소 데 바에나가 붙인 이 작품의 원제목은 "Este dezir fizo Alfonso Alvarez de Villasandino, el qual es muy bien fecho é bien fundado por arte de maestrya mayor, por rrequesta é pregunta contra los trobadores"(필사본 29쪽 전면)이다.

E por que se esclaresca mas esta fazienda,
pongamos exenplo en los menestrales:
non deven bevir en onras yguales
el muy lindo xastre con el que rremienda,
que el uno meresçe tener rryca tienda
e otro vil choça como rremendon,
pues a que le fallesçe lo de Salamón,
delante maestros loor non attienda.

Quien de los molinos do ay grant molienda
furta farina e fynche costales,
después la derrama por plazas é ostales,
este non deve bevyr syn contyenda;
assy todo sabio escuche é aprehenda
e los ynortantes demanden perdon,
que non es seguro lidiando el varon
si non tiene armas con que se defienda.

Pues quien poco sabe, conviene que se rryenda,
como se rrynde la garça al falcon,
ca en sus Proverbios el sabio Catón
dis quel bien suba, el mal que desçenda.
(*Cancionero de Baena*, 80번)

가이야 학문[39]이 기지가 넘치고
두려움 없이 시를 읊는 충직한
기사들의 입을 통하여 확산되다니
나로서는 아주 기쁘구려.
한편 얼간이들은 이제 고삐를 놓는구려.
문학서가 말하는 비르질리우스, 단테,
호라시우스, 플라톤, 그 외 시인들을
외면하는 그들의 책을 불사르시오.

여기 모든 선한 자들은 이성을 탕진하고
일부 과학자들은 명예로운 인생을
살았거나 살아 있는 문외한들이나
예술가들, 수사학자들과 함께 있구려.
그런 불을 끄시오, 켜지지 않게 말이요.
시를 지을 능력을 신성한 은혜로서
받아들이지 못한 이들은 조용하라 하시오.
모든 사람들이 이해할 것이오.

그리고 이 일이 더 명백해지도록
기술자와 관련된 사례를 찾아 봅시다.
똑같은 명예를 가지고 살아선 안 되지요.
옷을 고치는 잘생긴 수선공의 경우,
어떤 이는 훌륭한 가게를 가질 만하지만

39 '가이야 학문'은 프랑스 남부의 트로바도르 시 문학을 일컫는 15세기 스페인 용어이다.

어떤 천박한 이는 수선공에 불과하구려.
따라서 솔로몬의 지혜가 부족한 이는
권위자 앞에서 칭찬을 기다리면 안 되오.

큰 맷돌이 돌고 있는 방앗간에서
밀가루를 훔치고 포대에 구멍 내는 이는
나중에 광장과 여관에 훔친 것을 엎질러서
다툼이 없이는 살 수 없게 된다오.
모든 현자는 그렇게 듣고 배우지만
무식한 자는 사과를 요구한다오.
방어할 무기를 가지고 있지 않다면
남자를 상대하기가 안전하지 않다오.

아는 것이 없는 자는 굴복해야겠지요.
백로가 매에게 굴복하듯이 말이오.
현자 카톤은 자신의 속담집에서
선인은 올라가고 악인은 내려간다고 하오.

8.《세 가지 색상들의 대화》(15세기 초)[40]

Vi estar fermosa vista,
tres colores en una flor,
e avian grand conquista
por qual era la mejor;
e pedieron judgador
qual levaria el pres
e tomaron por su jues
que fuese don Amor.

Ffueron luego al jusgado
los colores todos tres,
prieto, verde, colorado,
cada uno muy cortes,
e levavan en un paves
escripta atal rason:
«Señor, oyd la entencion
de cada uno qual es.»

Fabló luego el colorado
con muy grand cortesia

40 우세다(Pedro González de Uceda)가 지은 이 작품의 원제목은 "Este desir fiso e ordeno el dicho Pero Gonzales de Useda commo a manera de pleito et rrequesta que ovieron en uno los colores del`paño verde è prieto e colorado porfiando qual dellos es mejor"(파리 필사본 126쪽 후면)이다.

e muy bien acompañado
de orgullo é loçania
Dis: «Pues yo pongo alegria
mas que non otra color,
con derecho, mi señor,
yo meresco esta valia.

E si es oro é plata,
a mi mucho pertenesçe:
en la fina escarlata
mucho mejor paresçe;
de mi viste, si acaesçe,
el Papa ó emperador,
por quanto la mi color
jamas nunca fallesçe.»

El verde fabló luego,
un poco mas obediente;
dis: «Señor, yo vos ruego
que á mi deys este presente,
e venga se vos en miente
que yo so el más loçano;
pruevo lo con el verano,
con quien plase á la gente,

e las rrosas e las flores
en mi han su nasçimiento,
en mi cantan rruy señores
cantares mas de çiento;
e pues fuy començamiento
del vuestro muy grand dolor,
por aquesto, don Amor,
vos aved conosçimiento.»

El prieto ovo á fablar,
los ojos en tierra puestos:
«Señor, non me sé loar
como se loan aquestos
e nin sé yo faser gestos
commo los enamorados,
mas doctores é perlados
yo les fago andar honestos.

Muchos omnes religiosos
de mi fasen cobertura,
e se traben omildosos
e aun han mayor cordura,
e fablan con mesura
palabras muy graçiosas;
e por todas estas cosas

mia es esta ventura.»

Desque ovieron acabado
los colores ssu rason,
el jues mucho honrrado
e de buena discreçión:
«Segund la mi entençión
lo que entiendo vos diré:
que todos por buena fee
meresçedes gualardon.

Pero del colorado é verde
veo dar muchas querellas,
que disen que se pierde
ayna por mansiellas,
e veo traher de ellas
a muchos ommes honrrados,
e á otros bien criados
e a dueñas é donsellas.

El que ayna es tornadiso
mucho sirve en balde,
e assi trahe á postizo
la muger el avayalde;
por ende, al prieto dalde

la honra en tenençia.
e yo por mi sentençia
lo mando commo alcalde.»
(*Cancionero de Baena*, 343번)

나는 아름다운 장면을 보았소.
한 송이 꽃 안에 세 가지 색상이
누가 더 훌륭한지
큰 논쟁을 펼치고 있었고
그들의 심판이 되어 주기를
사랑(Amor)에게 청원하고
누가 상을 타게 될지
그 중재인에게 물어보고 있었소.

곧이어 심판관에게 다가간
세 가지 색상은
보라색, 초록색, 빨간색이었고
하나하나 아주 점잖아 보였으며
문장을 지니고 있었는데
이렇게 쓰여 있었다.
"선생님, 우리 각자가 주장하는 바가
무엇인지 들어 주세요."

나중에 빨간색이
예의를 극진히 갖추고

자존심과 늠름함을
잃지 않은 채
말을 꺼냈다. "나는 어떤
다른 색상보다도 즐겁고
바르기 때문에
상을 받을 가치가 있습니다.

금색과 은색은
내게 더 어울리지요.
연한 주황색이라면
보기가 훨씬 더 좋을 거예요.
교황이나 황제가
내 앞에 나타난다면
나의 색상으로 인하여 그들은
결코 작아 보이지 않을 거예요."

초록색이 그 뒤를 이어
좀 더 공손하게 말했다
"당신에게 원하건대
상을 저에게 베푸세요.
제가 가장 푸르다는 점을
기억해 주시고요.
여름이 되면 이를 증명하고
사람들을 즐겁게 해 주지요.

장미와 그 이외 꽃들은
내게서 태동하지요.
내 위에서 꾀꼬리가
백 곡이 넘게 노래하고요.
당신의 큰 가치가
나로 인해 시작하니
사랑이시여
살피어 주시기 바랍니다."

보라색이 땅 아래로 눈을 내리고
말을 하기 시작했다.
"나는 그들과는 달리
자화자찬을 할 줄 모른답니다.
사랑에 빠진 사람과 같은
제스처를 취할 줄도 모르지요.
그 대신 박사들과 사제들이
충직히 살아가도록 돕는답니다.

많은 종교인들이 나의 색으로 된
옷을 지어 입으며
겸손한 마음을 가지고
맑은 정신을 유지하며
신중한 자세로
은혜로운 말씀을 하지요.
모든 방면에 있어서 나로 인해

역사가 일어나지요."

색상들이 자기 변론을
마치고 난 후
아주 믿음직하고
신중한 재판관이 말했다.
"나의 판단에 의지해
믿는 바를 여러분에게 말하건대
여러분 모두 상을
받을 자격이 있다고 믿습니다.

하지만 빨간색과 초록색은
불평을 많이 하는 것으로 보입니다.
결점이 보이면 쉽게
패배한다는 말이 있듯이
많은 명예로운 사람들과
잘사는 사람들,
선남선녀들이
그런 식으로 살아갑니다.

너무 빨리 변하는 사람은
헛되이 일을 그르치지요.
마찬가지로 이빨에
분을 바르는 여자와 같지요.
그러니 사제에게

상을 내립니다.
내 판결로서 명하노니
그를 대장으로 임명합니다."

9. 《사랑들의 전쟁》(15세기 중반)[41]

Estando no descuydado
del rebato venidero,
mas a quisa de guerrero
siempre medio salteado,
oy tocar atabales,
tamboriles e tronpetas;
a la ora mis secretas
pasiones muy desiguales
miedos me ponen mortales,

Con vna grand turbacion
de los sones tanto fieros,
que los daños venideros
temelos el coraçon,
a grand priesa demande
las mis armas defensiuas,
dexando las ofensiuas,
solo por saluar mi fe
que nucna vencida fue.

---

41 이 텍스트는 안토니오 파스 이 멜리아(Antonio Paz y Melia)가 작자인 고메스 만리케(Gómez Manrique)의 작품을 1885년 전사한 판본을 기초로 확립되었다. 파스 이 멜리아의 판본에 기록된 이 작품의 제목은 "*Batalla de amores*"이다.

La llegada de pensamiento

E asy muy bien armado
quanto para defender,
sali syn me detener
con todo bien demudado:
vi venir mi pensamiento
qu´ estaua pro atalaya,
diziendo me: Guaya, guaya,
que se llega, segun siento,
la ora del perdimiento.

La nueua de la gente contraria

Asoma, señor, alli
vna grand suma de gente,
avillada cierta mente
lo mejor que nunca vi:
basta que del atauio,
junto con su gentileza,
ninguna basta firmeza
cierta mente, señor mio,
a sofrir su poderio.

La amonestacion qu´ el pensamiento le faze

Por ende bolued la rienda,
que de tamaña beldad
no siento fidelidad
tan firme que se defienda.
Non pongays en auentura
vuestra fe non quebrantada,
que si llega la mesnada
conplida de fermosura,
non podra ser bien segura.

El temor e deliberacion del actor

Lo qual añadio temores
al mi primero temor
e fizo la mi color
en muchas mudar colores;
pero dexando pasar
aquel miedo rebatoso,
acorde con buen reposo
no fuyr, mas esperar,
o morir o defensar.

El fiando de mi sy

que fue sienpre jamas firme,
delibere conbatir me
si viniessen contra mi;
y antes que ser tomado,
morir por mi libertad
puesta en catiuidad;
mas catiuerio de grado
por libertad es contado.

La bordenança de la batalla

E puse mi lealtad
en la batalla primera,
y en la diestra costanera
la mi costante verdad;
y la siniestra di ala
a mi temor e secreto,
porque por ningund defeto
no pudiese venir tala,
saluo por ventura mala.

E yo cabe mi vandera,
en la qual traygo pintado
siempre vn sino trocado,
en la batalla çaguera

recogi de mis sentidos
vn tropel bien defensible,
aviendo por ynposible
que ser pudiesen vencidos
estando bien recogidos.

Las amonestaciones que quisiera facer

Como quier que cierto sea
que las amonestaciones
alos flacos coraçones
no conbiden a pelea,
quisiera les recordar
su primera fortaleza,
e dezirles su franqueza
en las sus diestras estar,
mas no me dieron vagar.

La asomada de las señas contrarias que Breçaida traia

Fecha la tal ordenança,
para batalla dispuestos,
estando nos otros puestos
entre temor y esperaça,
vimos sin mas demorar

çinco venir estandartes,
e las gentes por dos partes,
tales que del relumbrar
nos fizieron desmayar.

No mostrando couardia
la dicha gente sin orden,
en todo puesta desorden,
a rienda suelta venia,
mas en son de vençedora
por cierto que de guerrera,
trayendo la delantera
la mas fermosa señora
de quantas vi fasta agora.

E detras vn buen tropel,
de cuya gran fermosura
non se tamaña cordura
nin firmeza tanto fiel
que pudiese registir,
si no fuyese la vista
luenga mente su conquista
sin presta mente morir
o su libetad rendir.

E tocando las bastardas
tronpetas a pelear,
luego sin mas lo tardar
se juntan las auanguardas;
e las mis alas firieron
segun les fuera mandado;
mas lo qu'era destinado,
por recio que cometieron,
non refuyr lo pudieron.

Que luego fueron feridos
mis capitanes nombrados,
de pura fuerça sobrados,
mas no del todo vencidos.
Ala ora yo moui
como quien morir desea,
e renoue la pelea
en la parte do feri,
mi vandera cabe mi.

E vnas veces mandaua
como capitan guerrero,
otras como cauallero

recia mente peleaua.
Desta guisa defendia
la mi vandera del sino;
mas de salto sobre vino
la que mi alma temia,
que tinble blanco traya.

El vencimiento

Esta de cuya beldad
se vencen quantos la miran,
por la qual fartos sospiran
perdiendo su libertad,
tan resciamente firio
por mi diestra costanera,
que la mi firme vandera
por el suelo derroco,
e muy mal a mi firio.

La rendicion

Viendome tan mal llagado,
mi gente toda sobrada,
la mi seña derrocada,
fuera de todo mi grado,

non fallando registencia
en pelear nin foyr,
delibre de me rendir
ala su gentil presencia,
demandandola clemencia.

La suplicacion del prisionero

E con vna boz tenblosa
de temor buelto con saña,
viendo mi llaga tamaña,
le dije: «Dama, graciosa,
pues mi ventura menguada
me fizo vencer de vos,
no querays que faga dos
vna fe que tengo dada
sin siolencia guardada.

La qual dar vos yo no puedo,
muncho menos defender,
pues soy en vuestro poder
o por amor o por miedo.
Por ende, gentil donzella,
vsando vos de mesura,
quered que guarde mi jura,

que por vos ser tanto bella
yo vos seruire sin ella.

Fyn

Mas la nonbrada señora,
fermosa mas que ninguna
a quien fizo la fortuna
de mí triste vencedora,
sin me querer dar la muerte
nin la vida segurar,
mando me luego leuar
ala su prision tan fuerte,
donde maldigo mi suerte.
(ed. Paz y Melia, 1885, 168-176쪽)

곧이어 닥쳐올 공격에 맞서
소홀하지 않은 채로
전쟁의 용사처럼
항상 반쯤 상기된 모습으로 있을 때
작은 북소리와
트럼펫 소리를 들었다.
내 속에 있는 감정이
고르지 못한 시간에
공포는 나를 죽음으로 내몰았다.

잔인한 소음으로 인한
큰 불안감에 차서
내 마음은 다가올
상처를 두려워하고,
나의 방어를 위한 무기를
급한 마음으로 재촉해 보는데,
결코 패배한 적 없는
나의 믿음을 구원할
목적 때문이었다.

생각의 도착

방어하기 위하여
철저히 잘 무장한 채
나는 변장을 하고
주저 없이 나갔다.
망루에 있던 나의
'생각'이 오는 것을 보았다.
내게 말하기를, "아,
패배의 시간이
다가옴이 느껴집니다.

반대쪽 사람들의 출현

주인님, 저기 보세요.

사람들이 많이 모여 있군요.
확고히 군집해 있군요.
더 대단한 것을 본 적이 없어요.
의복에서부터
그의 세련된 외모까지,
어떤 것도 그의 권력을
경험하기에는, 나의 주인이시여,
확실치 않답니다.

생각이 주는 경고

그러니 고삐를 돌리세요.
큰 전쟁으로부터
나는 방어를 할 만큼 견고한
진정성을 느끼지 못합니다.
부서지지 않은 당신의 믿음을
모험 속에서 시험하지 마세요.
아름다움으로 무장한
무리가 도착하면
확고히 행동할 수가 없을 거예요."

주인공의 두려움과 신중

나의 첫 번째 두려움에
또 다른 두려움을 가중되듯이

또한 나의 색이
여러 색으로 변화하였다.
하지만 그 두려움이
빨리 지나가도록 두면서
나는 안정을 찾아가며
도망치지 않고 기다렸다.
죽거나 방어를 하게 되겠지.

항상 확고부동한
나 자신을 믿으면서,
만약 그것이 나를 향한다면
전투를 벌이기로 결심했다.
점령되기 전에
포로로 붙들려
자유를 위해 죽는다는 것,
자유를 위해 고결한
포로가 됨은 정해진 일이다.

전투의 개시

나는 나의 '충의'를
첫 전투에 투입했다.
또한 오른쪽 비탈길에
나의 한결같은 '진실'을 두었고
날개의 왼편에 나의

'두려움'과 '비밀'을 두었다.
불운한 경우가 아니었다면
이런 곳에 참여할 수 있는
그런 상황이었다.

나는 색칠을 해 가져온
나의 깃발을 들었다.
전쟁의 후반부에서
항상 뒤바뀌는 운명처럼
나의 감각들 중 가장 훌륭히
방어하는 용사들을 모았다.
패하기가 불가능한
수준이 될 만큼
견고히 모여 있었다.

전하고 싶은 경고들

비록 경고들이
여린 마음속에
전쟁을 불러일으키지
않은 것이 틀림없지만
그들의 첫 번째 성곽과
능숙한 위용이
나를 긴장하도록
만들었다는 사실을

기억하고자 한다.

브레사이다가 가져온 반대 징조의 시작

예고된 전쟁을 치르기 위해
정렬이 시작되고
두려움과 희망 사이에
다른 자리에 우리는 선다.
우리는 더 이상 기다리지 않고
다섯 깃발이 오는 것과 두 무리로
나눠져 있는 사람들은 보았다.
너무나 눈부시게 빛나
우리가 실신할 정도였다.

질서가 없는 사람들이
겁쟁이가 아님을 보이며
무질서한 형태로
고삐가 풀린 채
승전보를 전하며 오고 있었다.
여전사로서 앞자리에
누군가를 데려 왔는데
그녀는 지금까지 내가 본 여성[42] 중

---

42 필사본의 여백에 쓰여 있는 후아나("Juana")라는 이름은 위 작품의 작가인 고메스 만리케(1412-1490)가 언급한 이 여성은 이사벨 여왕(Isabel la Cátolica)과 페르난도 왕(Rey Fernando) 사이에 태어난 후아나 공주(Doña Juana, 1479-1555)일 가능성이 높다.

가장 아름다운 사람이었다.

그 뒤에 훌륭한 군대가 따랐는데
그녀의 너무나 아름다운 모습으로
정신을 차릴 수 없었으며
신념이 흔들려
저항하기에 어려웠다.
일찍 소멸되지 않고
그의 방종에 저항하며
그의 정복을 오랫동안 지켜보지
않았다면 힘들었을 것이다.

전투로 인한 뒤섞임

대포를 쏘며
전투를 알리는 나팔이 울렸고
이어서 조금도 지체 없이
전위대가 연합했다.
명령을 받은 그들은
미리 예정되었듯이
나의 날개에 상처를 내었고
확고히 행동하는 그들은
물러설 수가 없었다.

임명된 나의 사령관들은

나중에 상처를 입었다.
힘이 없어 굴복하긴 했지만
모두 패배한 것은 아니었다.
내가 죽음을 원하는 자처럼
행동하기 시작했을 때
전투가 다시 시작되었고
내가 상처를 입은 곳에
나의 깃발이 쓰러졌다.

때로는 전투의 사령관같이
때로는 기사와 같이
명령을 수차례 내리면서
강하게 투쟁을 했었다.
이렇게 내 운명의 깃발을
지키려고 했었다.
별안간 내 영혼이
두려워하는 뭔가가 큰
두려움을 몰고 들이닥쳤다.

정복

그녀를 쳐다본 이들은 그
아름다움으로 인해 포로가 되고
많은 이들이 자유를 잃은 채
큰 한숨을 쉰다.

나의 오른쪽 옆구리에
강렬한 상처를 입고
나의 단단한 깃발은
땅바닥에 나뒹굴고
나에게 큰 상처를 남긴다.

항복

남아 있는 나의 부하들은
크게 다친 나를 보았고
나의 쓰러진 표식은
내 영역 밖에 있었다.
싸우거나 도망칠
기력조차 상실한 채
그녀의 우아한 모습에
나를 굴복하기로 결정하고
자비를 구하였다.

포로의 간청

분노와 함께 되살아난
두려움으로 인해 떨리는 목소리로
나의 큰 상처를 바라보며
그에게 말했다. "우아한 여인이여,
나의 인색한 운명은

당신에게 패배하였소.
내가 가지고 있는
비폭력적인 믿음을
둘로 나누지 마시오.

그건 당신에게 줄 수 없고
지키기는 더욱 힘드는구려.
때로는 사랑으로 때로는 두려움으로
나는 당신의 권한 속에 있습니다.
그러니 아름다운 여인이여,
당신의 신중한 판단으로
나의 맹세를 간직하세요.
당신은 너무나 아름답기에
굳이 맹세 없이도 모실 수 있습니다."

결언

누구보다도 더 아름다운
앞서 언급된 그 여인,
운명의 신은 그녀를
슬픈 나의 정복자로 삼았다.
나를 죽음으로 몰고 가거나
생명을 주기를 원하지도 않은 채
결국 그의 깊은 감옥이자
내 운명을 한탄할 그곳에

나를 가두라고 명령을 내렸다.

맺음말

스페인 15세기 알레고리의 형식구조와 서사기법에 관한 분석

1. 형식구조

스페인 15세기 문인들은 인문주의를 지향하는 시대적 변화를 효율적으로 담아 낼 문체 개발에 큰 열의를 쏟았다.[43] 이에 이베리아 반도 문학은 혁신의 계기를 맞이하는데 그 대표적 현상으로서 문학 장르 용어의 변화, 역사적 현실에 대한 잦은 언급, 복합적 시점(視點)의 적용, 유동적 자아에 대한 표출 등의 새로운 현상들을 관찰할 수 있다. 이 모든 요소들은 새로운 형식구조의 실험과 창조를 유도하고 차후 서사문학의 발

43 스페인 중세 시인들이 문체에 큰 관심을 가졌었던 한 대표적인 증거로서 이 책의 5장에서 살펴본 당시 문인들 사이에 벌어졌던 구세대(Pero López de Ayala)와 신세대(Fray Diego de Valencia, Micer Francisco Imperial, Alfonso de Medina, Mohamat el Xartosse, Fernán Manuel de Lando, Fernán Sánchez de Calavera 등) 간의 논쟁을 생각할 수 있다 (cf. Gimeno Casalduero, pp.1-14). 내용상 논쟁은 운명예정설(Predestinación)과 자유의지(el libre albedrío) 간의 힘겨루기를 토대로 진행하는데, 그 이면에는 갈리시아 시풍을 잇는 전통적인 문체(구세대)와 보다 새로운 르네상스식 글쓰기(신세대) 간의 대립구도가 작용했다고 볼 수 있다.

전에 큰 토대가 되었다고 본다.

스페인 15세기 알레고리 작품을 전체적으로 살펴볼 때 규모와 주제, 토픽들, 율격 등의 측면에 있어 작품마다 제각기 크고 작은 차이를 보인다. 그럼에도 불구하고 모두 일인칭 화자가 이끄는 하나의 이야기 틀(marco narrativo)을 토대로 서사체를 구성한다는 점에서 공통성을 갖는다. 특히 작문에 빈번히 사용되는 비현실적 배경 설정, 형이상학적 전통 토픽 사용, 주요 가치들의 의인화를 토대로 한 변증법적 대화 구성 등의 다양한 공통적 요소들을 생각해 볼 때 스페인 15세기 픽션의 한 보편적 형태라고 할 수 있는 알레고리(alegoría)는 작법에 있어 작가들 간의 어떤 협약된 방법론이 존재했을 가능성이 매우 높다.

스테노우와 크냅(Steunou & Knapp, 1975)이 지적한 바 있듯이 15세기 스페인 문학의 집약적 소산이라고 할 수 있는 가요집(cancionero)은 이러한 현학적 서사문학의 전반적인 양상을 잘 반영한다. 후안 알폰소 데 바에나가 후안 2세의 요청으로 1430년경에 편집한《바에나 가요집》(*Cancionero de Baena*), 1460년경에 로페 데 에스투니가 집대성한《에스투니가 가요집》(*Cancionero de Estúñiga*), 에르난도 델 카스티요(Hernando del Castillo)가 1511년에 발렌시아(Valencia)에서 출판한《일반 가요집》(*Cancionero General*)이 그 대표적인 사례이다.

구체적으로 프란시스코 임페리알은 1405년에 태어난 후안 2세를 위하여 장문의 알레고리 작품《후안 2세의 탄생에 바치는 글》을 썼는데 그 내용은 자전적 화자가 일곱 개의 행성으로 이루어진 환상적인 공간을 여행하는 도중에 의인화된 일곱 선덕이 미래의 카스티야 왕에 대한 예찬을 하는 장면을 미리 목격한다는 것이다. 또 다른 예로, 산티야나 후작이 지은 《사랑의 탄식》(*Querella de amor*)을 보면 화자가 길에서 구슬피우는 이를 우연히 만나 슬픈 사랑에 대한 이야기를 듣는다는 내용으로 이루어진다. 뿐만 아니라 헤로니모 데 아르테스(Jerónimo de Artés)가 15세기 말에 기록한 《하나님의 은혜》(*Gratia Dei*)를 보면 주인공이 음산한 지옥의 계곡에서 일곱 마리의 괴물들(오만, 시기, 분노, 태만, 탐욕, 탐식, 애욕의 의인화)을 만나지만 천사의 도움으로 그 위기에서 탈출한다는 알레고리로 구성된다.

15세기 알레고리 작품들은 작품의 외형적 규모 혹은 에피소드의 배열방식을 기준으로 구체적인 분류가 가능하다.

먼저 작품의 외형적 규모에 따라서 단편적 형태 혹은 복합적 형태를 생각해 볼 수 있다. 예를 들어 프란시스코 임페리알의 《에스트레야 디아나에게 바치는 글》은 다섯 연 이하의 짧은 서사체 작품이며 에피소드의 전개가 매우 단편적인 반면에 산티야나 후작의 《폰사의 희극》이나 후안 데 메나의 《운명의 미로》와 같은 장편 알레고리 작품은 다양한 인물이 출현하는 다수의 에피소드들로 구성되며 전반적인 구도가 긴 여행기라고 할 수 있다. 특히 이러한 15세기 전반에 걸쳐 발전한 긴 알레고리 픽션은 스페인 중세 서사문학의 발전에 있어 중요한 토대를 형성하였다.

한편 에피소드의 배열 방식을 토대로 당시 알레고리 서사체를 파노라마식 직렬 구조와 계층식 병렬 구조로 분리시켜 생각할 수 있다. 예를 들어 후안 델 엔시나가 기록한 《명성의 승리》의 전반적인 서술 구도가 자전적 화자의 여행으로 형성되는데, 작중인물인 후안 데 메나로부터 이사벨 여왕과 페르난도 왕의 명성을 찬양하라는 부탁을 받은 주인공의 여정 자체가 전체 이야기의 틀을 구성한다. 이러한 경우에는 모든 관련 인물과 배경이 주인공의 공간 이동에 따라 하나의 단선적 구도로 배열된다. 한편 작품의 에피소드들이 연속적인 시간이나 공간의 선상에 있지 않고 서로 다른 토픽의 영역에 소속된 채 계층식 혹은 계급식 구조를 형성하는 경우를 종종 발견할 수 있다. 이 경우 관련 에피소드들은 서로 연결된 듯 보이지만 실제로는 시공간의 물리적 연계성이 희박한 에피소드들임을 알아챌 수 있다. 이러한 체계는 주로 틀이야기 즉 '이야기 속의 이야기' 형태와 같은 구조로 되었다. 작품구성에 있어 화자가 제삼의 인물들이 엮은 에피소드를 자신의 원래 이야기 속에 인용하거나 그 차체 내에 융화시키지 않고 독립적인 묘사를 시도할 때 이러한 계층적 서사구조가 형성된다. 구체적으로, 산티야나 후작의 《폰사의 희극》(*Comedieta de Ponça*: N13)이나 고메스 만리케의 《젊은 기사 가르실라소 델 라 베가에 바치는 애가》가 그 사례이다. 이러한 계급식 구조의 경우에 파노라마식 구조에서 흔히 접할 수 있는 화자의 지나친 간섭이나 표현의 비현실성이 다소 저하될 수 있는 여지가 있다고 본다. 특히 이러한 계층구도의 작품들이 상당 부분 15세기 후반에 기록되었다는 점을 토대로 당시 스페인 서사체의 점진적인 근대적 발전을 엿볼 수 있는 계기가 된다.

2. 서사기법

스페인 15세기 알레고리 서사체의 근대적 가치를 이해하기 위해서 작품 구성에 사용된 중요 서사기법들을 몇 가지 살펴볼 필요가 있다고 본다.

자전적 화자의 출현

앞서 언급된 세 가요집에 나타난 알레고리 픽션들은 빠짐없이 모두 자전적 화자의 여행이나 인물 간의 대화체로 그 전반적인 틀을 구성한다. 과거시점에서 경험담을 서술되는 일인칭 화자는 픽션의 주인공인 동시에 정치적 혹은 윤리적 담론을 제공하는 작가의 대변인 역할을 담당하는 것이 일반적이다. 이런 맥락에서 15세기 알레고리는 작가의 생각을 표출하기 위한 식자문학으로서의 정치적 의미를 갖는다. 다시 말해 당시 작가들은 알레고리적 여행기나 대화체의 틀 속에 다양한 담론들을 조합하여 개인의 현실적 상황을 논하거나 주관적 해석을 표현하곤 했었다. 예를 들어 알폰소 알바레스 데 비야산디노는 1406년 엔리케 3세가 임종한 직후에 후안 2세의 왕위 계승과 톨레도 주교(Arzobispo de Toledo, Pedro de Luna)에 대한 정치적 지지를 알레고리 픽션을 통해 표명하였다. 뿐만 아니라 루이 파에스 데 리베라는 의인화된 두 개념인 '오만'과 '신중' 간의 논쟁을 통해서 트라스타마라 왕조의 비정통성에 대한 부정적 이미지를 종식시키고 카스티야 왕국에 정통성이 형성되었음을 공고히 하였다. 후안 델 엔시나는 《명성의 승리》에서 명성의 궁전에 가는 길에서 다양한 유명 인물들을 만나게 되고 후반에 가서는 이사벨여왕과 페르난도 왕의 업적을 찬양하는 역할을 맡게 된다. 결론적으로 이러한 화자의 여행이나 대화는 당시 서사체를 구성하는 중요한 틀로써 이해된다. 이때 자전적 화자의 적용은 작가와 작중 인물, 즉 픽션과 현실간의 거리를 좁히기 위한 문체적 전략으로 생각할 수 있다.

시간의 흐름

스페인 15세기 알레고리 픽션에서 이루어지는 시간의 표현은 기본적으로 이야기 내용 구성과 연관된다. 우리가 살펴본 작품들을 토대로 두 가지 기능을 생각해 보면 다음과 같다. 먼저 이야기 초입 부분에서 배경으로 묘사된 시간이 작품 전체의 내용을 암시하거나 장식적 효과를 증대시키는 경향을 보인다. 뿐만 아니라 시간에 대한 다수의 표현들이 픽션의 전말에 위치하여 픽션의 동적인 전개를 효과적으로 돕는 경우도 자주 관찰된다. 예를 들어 산티야나 후작의 《사랑의 지옥》(*El infierno de los enamorados*)을 보면 밤에서 아침으로 변화하는 이야기의 시간적 흐름이 그리스 · 라틴 신화 속의 상징적인 인물에 대한 언급을 통하여 표현된다.

> 우리들은 이미 빛을 잃은,
> 라또나 신의 아들(태양)의
> 광관(光冠)을 향해 다가섰지만,
> 그가 모든 것으로부터 숨어버린 뒤였다.
> (49-52행)

아폴로 신의 온화한 얼굴과
대낮의 광채가
지평선을 비출 무렵.
(86행-88행)

알레고리 픽션에 자주 나타나는 이러한 신화적 인물의 조합은 시간에 대한 동적인 표현이외에도 작품의 품위와 심미적인 상승효과를 동시에 함께 기대할 수 있다.

종합적으로 볼 때 15세기 알레고리 작품에 나타난 시간의 표현은 때로는 스토리의 역동적인 전개를 때로는 역사적 사실성을 때로는 장식적인 효과를 때로는 심리적 상황에 대한 묘사를 추구하기 위한 다양한 층위의 목적성을 가질 수 있다.

공간의 이동

알레고리 픽션의 구성에 있어 공간 묘사의 기능적 의의는 스토리 전개의 표현, 역사적 사실성 부각, 신화적 토픽의 장식적(혹은 상징적) 효과 등으로 분류해 볼 수 있다. 먼저 이야기 앞뒤에 놓인 둘 이상의 공간에 대한 묘사가 물리적 이동과 아울러 서술의 동적인 효과를 발생시킨다. 둘째, 한 장소에 대한 단일한 표현이 실제 사건에 대한 핍진성이나 상징적(혹은 장식적)인 효과를 상승시켜 주는 경우도 종종 발견할 수 있다. 셋째, 심리적 상황을 암시하는 경우인데, 슬픈 사랑에 대한 이야기의 배경을 을씨년스런 곳(locus eremus)으로 삼거나 그 반대로 행복한 결말에 대한 이야기의 장소로 천국과 같은 밝고 유쾌한 장소(locus amoenus)로 설정하는 경우가 자주 있다. 시간의 표현과 마찬가지로 알레고리 작품 속의 공간에 대한 묘사들은 다양한 기능성을 갖는다. 뿐만 아니라 보다 다각적인 효과(이야기의 역동성, 역사적 사실성, 심미적 장식성, 작가의 심리에 대한 암시 등)를 발생시키기 위해 현실과 비현실의 다양한 토픽을 혼합하여 표현하는 경우도 자주 관찰된다.

상징체계 구성

이 책에서 분석한 많은 작품들 중 특히 장문의 알레고리 픽션들은 상징체계를 통하여 그 전체적인 틀을 구성하는 경우가 많다. 예를 들어 프란시스코 임페리알의 《후안 2세에 바치는 글》이나 후안 데 메나의 《운명의 미로》를 보면 주인공이 그의 안내자와 더불어 일곱 장소들(자비 Caridad, 믿음 Fe, 소망 Esperanza, 정의 Justicia, 강의 Fortaleza, 충의 Prudencia, 절제 Templanza)을 두루 관찰하며 환상적인 여행을 한다는 내용이다. 또한 루이 파에스 데 리베라는 '고통', '가난', '노화', '유배'라는 네 가지 의인화된 개념들의 논쟁을 통하여 작가 자신의 도덕관을 설명한다. 이러한 상징들의 조합은 이야기의 궁극적인 목적과도 연관되지만 하나의 긴 서사구조를 만들어 내는 틀을 제공한다는 측면에서 서사기법으로서의 전략적 가치를 갖는다.

인물의 나열

성서, 역사, 신화에 나오는 다양한 상징적 인물들이 주인공의 대화 상대 혹은 관찰의 대상으로 거론되는 경우가 많다. 이들은 모두 픽션을 구성하기 위해 배치된 상징적 개체들로 이해되며 동시에 작가의 의중을 구체적으로 표현하기 위한 예시들이라고 할 수 있다. 예를 들어, 루이 파에스 데 리베라는 실제 인물들 즉 후안 2세의 아내인 카탈리나 여왕과 페르난도 왕자, 당시의 수많은 기사들을 픽션의 인물로서 배치시키고 이들은 통하여 역사적 사실성을 부각시킨다. 한편, 산티야나 후작은 《마르가리다 여왕의 죽음에 대한 애가》(*Planto de la reina doña Margarida*)에서 마르가리다 여왕의 죽음으로 인한 슬픔을 비너스 신과의 대화를 통하여 표명한다. 《운명의 미로》에서 후안 데 메나의 일인칭 화자는 운명의 신의 궁전내부에 존재하는 일곱 개의 원구들(siete *çercos*)을 차례로 여행하며 각각의 장소에 병치되어 있는 수많은 현실과 비현실의 인물들을 만나게 되는데 이들은 픽션의 구성요소이자 작가의 생각을 효과적으로 반영하는 상징적 개체들이라고 할 수 있다.

예시적 요소의 삽입

이야기의 핵심적 내용이나 결말을 암시하는 표현을 작품 초입에 배치시키는 경우를 종종 발견할 수 있다. 이는 예시적 효과를 통하여 서사체의 전말에 대한 연관성을 증대시키고 동시에 그 내용의 긴장을 유지시키기 위한 일종의 전략이라고 할 수 있다.[44] 예를 들어, 작품 산티야나 후작이 기록한 《사랑의 탄식》의 첫 번째 장면에서 구슬프게 묘사된 마시아스(Macías el enamorado)의 노래(cantillena)는 아래에서 보듯이 작품의 주제와 결말을 암시하는 서곡이라고 할 수 있다.

잔인하고 혹독한 사랑이여
너의 기세는 악덕을 일삼는다.
그토록 강하면서
도무지 너는 공정하질 않구나.
(7-12행)

또 다른 예로, 《폰사의 희극》에서 산티야나 후작은 뮤즈 신에게 올리는 기도문(*invocaçión*)을 통하여 독자들에게 작품의 궁극적인 목적을 미리 밝힌다. 이러한 선행된 암시들은 차후 서술의 방향이나 주인공의 행방에 대해 미리 예상하도록 돕는다.

오 그대들[뮤즈신들], 헬리콘 산의
샘터에서 살아가는 자매들이여,
그 슬픈 일이 알려지고 제대로 밝혀지게
모두들 나의 여행길에 동참해 주시오!
(15-16행)

---

44 '예시' 혹은 '전조'는 서사문학의 구조적 긴장감과 이야기의 일관성을 유지시키기 위한 중요한 전통 수사기법으로 이해가 된다.(cf. Casas Rigall, 78-80쪽)

또 다른 예로, 후안 델 엔시나의 《명성의 승리》에서 주인공은 여행 중 후안 데 메나를 만나게 되는데 이때 이 후안 2세의 왕실 서기는 주인공에게 페르난도 왕과 이사벨 여왕에 대한 안부를 물으며 그들의 공적을 찬양하라는 임무를 맡긴다. 이러한 작품 상황은 작품의 주제 즉 스페인 왕실의 위상을 높이려는 작가의 의도와 더불어 작품의 후반부를 미리 짐작케 한다. 결론적으로 볼 때, 예시적 표현은 목록에 존재하는 작품의 상당수에서 관찰할 수 있는데 그 방식에 있어 서로 유사함을 발견할 수 있다. 이는 15세기 카스티야 서사체가 기술상에 있어서 점차 체계적이고 일반화된 문장체로 발전하고 있다는 사실로 받아들일 수 있다.

현재까지의 분석을 토대로 우리는 15세기 알레고리 서사체가 과거의 알레고리에 비해 작가의 현재적 상황을 강하게 반영하는 문체로 발전하였다는 사실을 발견한다. 또한 15세기 카스티야 작가들이 보다 현실적이고 개인적인 서사체 개발에 관심이 점차 많아졌다는 사실을 확인할 수 있다. 자전적 화자의 목소리에 작가 자신의 음성을 그대로 반영하거나 환상적 소재보다 작가 주변의 실제 토픽에 대한 사용빈도수가 증가한다거나 또는 실제 인물들에 대한 묘사와 비평이 많아진다는 사실들이 모두 중세 말 알레고리 서사문학의 현실적 가치와 아울러 근대적 발전을 말해 주는 구체적인 근거가 된다.

참고문헌

사전

Beristáin, Helena(1985, 2000), *Diccionario de retórica y poética*, México, Porrúa.

Bernat Vistarini, Antonio, y John T. Cull(1999), *Enciclopedia de emblemas españoles ilustrados*, Madrid: Akal.

Cirlot, Juan Eduardo(2000), *Diccionario de símbolos*, (*Diccionario de símbolos tradicionales*, Barcelona, 1958, 1969), Madrid: Siruela.

Falcón Martínez, Constantino, Emilio Fernández-Galiano, y Raquel López Melero(1988), *Diccionario de mitología clásica*, (1980), 2 tomos, Madrid: Alianza.

Grimal, Pierre(1994), *Diccionario de mitología griega y romana*, (*Dictionnarie de la mythologie grecque et romaine*, París, 1951, 1967), Barcelona: Paidós.

작품

Alighieri, Dante(2001), *Commedia*, ed. Anna Maria Chiavacci Leonardi, Bologna: Zanichelli.

Alvar, Manuel(ed.)(1991), *Antigua poesía española lírica y narrativa*, México: Porrúa.

Bejarano, Virgilio(ed.) (1996), *La Eneida*, Barcelona: Planeta.

Blecua, Alberto(ed.)(1995), *Libro de buen amor*, Madrid: Cátedra.

Cancionero de Estúñiga(1987), ed. Nicasio Salvador Miguel(1987), Madrid: Alhambra.

Cancionero de Gómez Manrique, ed. Antonio Paz y Melia(1885-1886), 2 vols., Madrid.

Cancionero de Juan Alfonso de Baena(1993) ed. Brian Dutton y Joaquín González

Cuenca, Madrid: Visor Libros.

Cancionero General(1882), (Hernando del Castillo, 1511), 2 vols., Madrid: Sociedad de Bibliófilos Españoles.

Cavalcanti, Guido(1976), *Rimas*, ed. bilingüe de Juan Ramón Masoliver, Barcelona: Seix Barral.

El cancionero del siglo XV: c. 1360-1520, ed. Brian Dutton(1990-1991), 7 tomos, Salamanca, Universidad de Salamanca.

Encina, Juan del(1978), *Obras completas*, ed. Ana M. Rambaldo, 4 vols., Madrid, Espasa-Calpe.

Franchini, Enzo(ed.)(2001), *Los debates literarios en la Edad Media*, Madrid: Arcadia de las Letras.

Imperial, Micer Francisco(1977), *«Deçir a las syete virtudes» y otros poemas*, ed. Colbert I. Nepaulsingh, Madrid: Espasa-Calpe.

Isidoro de Sevilla. (1982), *Etimologías*, ed. José Oroz Reta y Manuel A. Marcos Casquero, 2 tomos, Madrid, Biblioteca de Autores Cristianos.

López de Mendoza, Íñigo(1988), *Obras completas*, ed. Ángel Gómez Moreno y Maximilian P. A. M. Kerkhof, Barcelona: Planeta.

López de Mendoza, Íñigo(1988), *Obras completas*, ed. Ángel Gómez Moreno y Maximilian P.A.M. Kerkhof, Barcelona: Planeta.

Lulio, Raimundo(2007), *Libro del gentil y los tres sabios*, ed. Matilde Conde Salazar, Madrid: Biblioteca de Autores Cristianos.

Manrique, Gómez(1885-1886), *Cancionero de Gómez Manrique*, ed. Antonio Paz y Melia, 2 vols., Madrid: Casa de Antonio Pérez Dubrull.

Marqués de Santillana(1988), *Obras completas*, ed. Ángel Gómez Moreno y Maximilian P. A. M. Kerkhof, Barcelona: Planeta.

Mena, Juan de(1989), *Laberinto de Fortuna*, ed. Miguel Ángel Pérez Priego, Madrid, Espasa-Calpe.

Mena, Juan de(1989), *Obras completas*, ed. Miguel Ánguel Pérez Priego, Barcelona, Planeta.

Rivero García, Luis(ed.)(1997), *Prudencio/ Obras*, Madrid: Gredos, 1.

Simó, Lourdes(ed.)(1989), *La bataille de Cresme et de Charnage/ Cinco Epopeyas alegóricas*, Barcelona: PPU.

Simó, Lourdes(ed.)(1999), *Juglares y espectáculo/ Poesía medieval de debate*, Barcelona: DVD ediciones.

Valdés, Alfonso de(2005), *Diálogo de Mercurio y Carón*, Madrid: Cátedra.

Vendrell de Millás, Francisca.(1943, 1945), *El Cancionero de Palacio (Manuscrito n° 594)*, Barcelona, CSIC.

연구문헌

Alvar, Carlos(ed.)(1984), *El dolce stil novo*, Madrid: Visor Libros.

Alvar, Manuel(2003), *Voces y silencios de la literatura medieval*, Sevilla: Fundación José Manuel Lara.

Alvar, Manuel(ed.)(1991), *Antigua poesía española lírica y narrativa*, México: Porrúa.

Amador de los Ríos, José(1969), *Historia crítica de la literatura española*, (1865), ed. facsímil, Madrid: Gredos, vols. V y VI.

Arce Fernández, Joaquín(1965), "La lengua de Dante en la Divina Comedia y en sus traductores españoles", *Revista de la Universidad de Madrid*, 14, 9-48.

Azáceta, José María. (1963), *El Códice de Baena y la Corte literaria de Juan II*, Ciclo de conferencias anexo al II Cursillo de Perfeccionamiento del Profesorado de las Universidades Laborales, Tarragona.

Azofra Sierra, Maria Elena(1995), "Juan de Mena: Estudio del cultismo y concordancias de su obra", Tesis Doctoral, ed. microfichada, Madrid: UNED.

Baik, Seungwook(2003), *Aproximación al decir narrativo castellano del siglo XV*, Delaware: Juan de la Cuesta.

Beltrán, Luis(1971), "The poet, the king and the cardinal virtues in Juan de Mena's Laberinto", *Speculum*, 46(2), 318-332.

Camillo, Ottavio Di(1976), *El humanismo castellano del siglo XV*, Valencia: Fernando de Torres.

Cantera Burgos, Francisco(1967), "El Cancionero de Baena: Judíos y conversos en él", *Sefarad*, vol. XXVII, pp.71-111.

Casalduero Gimeno, Joaquín(1965), "Pero López de Ayala y el cambio poético de Castilla a comienzos del XV", *Hispanic Review*, vol. 33, pp.1-14.

Casas Rigall, Juan, y Antonio Azaustre(1997), *Manual de retórica española*, Barcelona, Ariel.

Casas Rigall, Juan. (1995), "La agudeza en el cancionero amatorio castellano: Líneas maestras", *Medioevo y Literatura*, vol. II, ed. Juan de Paredes, pp.7-21.

Clarke, Dorothy C.(1963), "A comparison of Francisco Imperial's Decir al Nacimiento del Rey Don Juan and the Decir a las siete virtudes", *Symposium*, 17, pp.17-29.

Clarke, Dorothy C.(1973), *Juan de Mena's Laberinto de Fortuna: classic epic and Mester de Clerecía*, University of Mississippi.

Cvitanovic, Dinko(1973), *La novela sentimental española*, Madrid, Prensa Española.

Deyermond, Alan(1983), "Structure and style as instruments of propaganda in Juan de Mena's Laberinto de Fortuna", *Proceedings of the PMR Conference*, 5, 159-167.

Deyermond, Alan(1987), "La *Defunzión del noble cavallero Garcilasso de la Vega*, de Gómez Manrique", *Dicenda*, 6, 93-112.

Di Camillo, Ottavio(1976), *El humanismo castellano del siglo XV*, Valencia: Fernando Torres.

Díaz-Mas, Paloma, y Carlos Mota(ed.)(1998), *Sem Tob de Carrión/ Proverbios morales*, Madrid: Cátedra.

Faulhaber, Charles B.(1972), *Latin rhetorical theory in thirteenth and fourteenth century Castile*, Berkeley: University of California Press.

Fernández Villaverde, Raimundo(1902), *La escuela didáctica y la poesía política en Castilla durante el siglo XV*, Madrid: Hijos de M. G. Hernández.

Fita, Fidel, y Aureliano Fernández-Guerra(1880), *Recuerdos de un viaje a Santiago de Galicia*, Madrid, Sres. Lezcano y Comp.ª.

Fraker, Charles F. (1966), *Studies on the Cancionero de Baena*, Chapel Hill, The University of North Carolina Press.

Franchini, Enzo(ed.)(2001), *Los debates literarios en la Edad Media*, Madrid: Arcadia de las Letras.

Gaibrois de Ballesteros, Mercedes(1943), "El famoso poeta Miçer Francisco Imperial fue vicealmirante de Castilla", *Correo Erudito*, 3, 152-153.

García Viñó, M.(1960), *Los poetas sevillanos en el Cancionero de Baena*, separata de Archivo Hispalense, Sevilla: Imprenta Providencial.

Garin, Eugenio(1987), *La educación en Europa, 1400-1600*, Barcelona: Crítica.

Gericke, Philip O.(1968), "The narrative structure of the *Laberinto de Fortuna*", *Romance Philology*, 21, 512-522.

Gilderman, Martin S.(1971), "La crítica literaria y la poesía de Juan Rodríguez del Padrón", *Boletín de Filología Española*, 50-51, 14-25.

Gimeno Casalduero, Joaquín(1964), "Notas sobre el *Laberinto de Fortuna*", *Modern Language Notes*, 77, 125-139.

Gimeno Casalduero, Joaquín(1965), "Pero López de Ayala y el cambio poético de Castilla a comienzos del siglo XV", *Hispanic Review*, 33, 1-14.

Gimeno Casalduero, Joaquín(1987), "Francisco Imperial y la Estrella Diana: Dante, Castilla y los poetas del dolce stil nuovo", *Dicenda*, 6, 123-145.

Gómez Moreno, Ángel(1994), *España y la Italia de los humanistas*, Madrid: Gredos.

Gómez Moreno, Ángel(ed.)(1990), *El Prohemio e carta del Marqués de Santillana y la teoría literaria del S. XV*, Barcelona: PPU.

Gómez Moreno, Ángel, y Maximilian P.A.M. Kerkhof(ed.)(1988), *Marqués de Santillana/ Obras completas*, Barcelona: Planeta.

Gómez Redondo, Fernando(1998), *Historia de la prosa medieval castellana*, I y II, Madrid: Cátedra.

González Cuenca, Joaquín(1978), "Cancioneros manuscritos del prerrenacimiento", *Revista de Literatura*, vol. XL, núm. 79-80, pp.177-215.

Grimal, Pierre(1994), *Diccionario de mitología griega y romana*, Barcelona, Paidós, 1994.

Keightley, Ronald. G.(1978), "Boethius, Villena and Juan de Mena", *Bulletin of Hispanic Studies*, 55, 189-202.

Kohut, Karl. (1982), "La toería de la poesía cortesana en el Prólogo de Juan Alfonso de Baena", ed. Wido Hempel y Dietrich Briesemeister, Tübingen, Max

Niemeyer Verlag, pp.120-137.

Lang, Henry R.(foreword, 1926), *Cancionero de Baena, reproduced in facsimile from the unique manuscript in the Bibliothéque Nationale*, New York: Hispanic Society of America.

Lapea, Rafael(1982), *De la Edad Media a nuestro días*, Madrid: Gredos.

Lapesa, Rafael(1953), "Notas sobre Miçer Francisco Imperial", *Nueva Revista de Filología Hispánica*, 7, 337-351.

Lapesa, Rafael(1960), "Los endecasílabos de Imperial", *Miscelánea Filológica dedicada a Mons*, A. Griera, 2, 1-23.

Lapesa, Rafael(1957), *La obra literaria del Marqués de Santillana*, Madrid, Ínsula.

Lapesa, Rafael(1982), "El elemento moral en el Laberinto de Mena: su influjo en la disposición de la obra", *De la Edad Media a nuestro días*, Madrid, Gredos.

Lawrance, Jeremy N. H. (1981), "Juan Alfonso de Baena's versified reading list: A note on the aspirations and the reality of fifteenth-century Castilian culture", *Journal of Hispanic Philology*, vol. V, pp.101-122.

Lázaro Carreter, Fernándo(1986), *Estudios de poética*, Madrid: Taurus.

Levin, Samuel R.(1981), "Allegorical Language", *Allegory, Myth and Symbol*, ed. Morton W. Bloomfield, Cambridge: Havard University Press.

Lida de Malkiel, María Rosa(1950, 1984), *Juan de Mena, poeta del prerrenacimiento español*, México, El Colegio de México.

Lida de Malkiel, María Rosa(1960), "Doña Angelina de Grecia", *Nueva Revista de Filología Hispánica*, 14, 89-97.

Lida de Malkiel, María Rosa(1977), *Estudios sobre la literatura española del siglo XV*, Madrid: Porrúa Turanzas.

Lida de Malkiel, María Rosa(1960), "Doña Angelina de Grecia", *Nueva Revista de Filología Hispánica*, 14, 89-97.

Lida de Malkiel, María Rosa(1975), "El amanecer mitológico", *La tradición clásica en España*, Barcelona, Ariel, 121-164.

Lida de Malkiel, María Rosa(1984), *Juan de Mena, poeta del prerrenacimiento español*, México: El Colegio de México.

López Estrada, Francisco(1998), *Poética de la frontera andaluza(Antequera, 1424)*, Salamanca: Unviersidad de Salamanca.

MacDonald, Inez(1939), "The Coronación of Juan de Mena: poem and commentary", *Hispanic Review*, 7, 125-144.

Maravall, José Antonio(2001), *Estudios de historia del pensamiento español/ Edad Media*, Madrid: Cultura hispánica.

Menéndez Pelayo, Marcelino(1943), *Poetas de la corte de don Juan II*, Buenos Aires: Espasa-Calpe.

Menéndez Pelayo, Marcelino(1944), *Antología de poetas líricos castellanos*, t. I, II y III, Madrid: CSIC.

Menéndez Pidal, Ramón(1982), *Los españoles en la historia*, Madrid: Espasa-Calpe.

Mitre, Emilio(1979), *La España medieval/ Sociedades. Estados. Culturas*, Madrid: Istmo.

Morreale, Margherita(1967), "El Dezir a las siete virtudes de Francisco Imperial. Lectura e imitación prerrenacentista de la *Divina Comedia*", *Estudios dedicados a Rodolfo Oroz*, Santiago de Chile, 307-377.

Mussons, Ana María(1991), "Locura y desmesura de la lírica provenzal a la gallego-portuguesa", *Revista de literatura medieval*, 3, 163-183.

Nieto Cumplido, Manuel. (1982), "Juan Alfonso de Baena y su Cancionero: Nueva aportación histórica", *Boletín de la Real Academia de Córdoba, de Ciencias, Bellas Letras y Nobles Artes*, vol. LII, pp.35-57.

Penna, Mario(1965), "Traducciones castellanas antiguas de la Divina Comedia", *Revista de la Universidad de Madrid*, 14, 81-157.

Pérez Priego, Miguel Ángel(1978), "De Dante a Juan de Mena: sobre el género literario de comedia", *1616, Anuario de la Sociedad Española de Literatura General y Comparada*, 1, 151-158.

Place, Edwin B.(1946), "More about Ruy Páez de Ribera", *Hispanic Review*, 14, 22-37.

Post, Chandler Rathfon(1912), "The sources of Juan de Mena", *Romanic Review*, 3, 223-279.

Post, Chandler Rathfon(1915), *Medieval Spanish Allegory*, Cambridge, Harvard

University Press.

Rábade Obradó, María del Pilar(1996), *Las universidades en la Edad Media*, Madrid: Arco Libros.

Rey Hazas, Antonio(2003), *Artes de bien morir/ Ars moriendi de la Edad Media y del Siglo de Oro*, Madrid: Lengua de Trapo.

Rodríguez Puértolas, Julio(1989), *Poesía crítica y satírica del siglo XV*, 3ª ed., Madrid, Castalia.

Rodríguez-Moñino, Antonio(1959), "Sobre el Cancionero de Baena: Dos notas bibiográficas", *Hispanic Review*, vol. XXVII, núm. 2, pp.139-149.

Rodríguez-Puértolas, Julio(1972), *De la Edad Media a la Edad coflictiva*, Madrid: Gredos.

Russell, Peter(1978), *Temas de La Celestina y otros estudios: del Cid al Quijote*, Barcelona: Ariel.

Sánchez Cantón, F. J.(ed.)(1993), *Don Enrique de Villena/ Arte de trovar*, Madrid: Visor Libros.

Schiff, Mario(1905), *La Bibliothèque du Marquis de Santillane*, Paris: Librairie Émile Bouillon.

Scholberg, Kenneth R.(1971), *Sátira e invectiva en la España medieval*, Madrid, Gredos.

Steunou, Jacqueline, y Lothar Knapp(1975), *Bibliografía de los cancioneros castellanos del siglo XV y repertorio de sus géneros poéticos*, País: Éditions du Centre National de la Recherche Schientifique, 1.

Street, Florence(1953), "La vida de Juan de Mena", *Bulletin Hispanique*, 55, 149-173.

Street, Florence(1955), "The allegory of Fortune and the imitation of Dante in the *Laberinto* and *Coronación* of Juan de Mena", *Hispanic Review*, 23(1), 1-11.

Turek, Marie G.(1972), "El *Laberinto* de *Fortuna*, imagen artificiosa de la época de Juan II", *Cuadernos Americanos*, 4, 99-123.

Urban, Wilbur Marshall.(1952), Lenguaje y realidad: la filosofía del lenguaje y los principios del simbolismo, (1939), trad. Carlos Villegas y Jorge Portilla, México: Fondo de Cultura Económica.

Weiss, Julian(1982), "Juan de Mena's Coronación: Satire or Sátira?", *Journal of Hispanic Philology*, 6, 113-138.

Whitman, Jon(1981), "From the cosmographia to the Divine Comedy: an allegorical dilemna", *Allegory, Myth and Symbol*, ed. Morton W. Bloomfield, Cambridge: Havard University Press, 63-86.

Woodford, Archer(1950), "Francisco Imperial's Dantesque *Dezir a Las Syete Virtudes*: A Study of Certain Aspects of the Poem", *Italica*, 27(2), 88-100.

Ynduráin, Domingo(1994), *Humanimo y renacimiento en España*, Madrid: Cátedra.

스페인 중세 알레고리 문학

초판 발행 1쇄 2014년 6월 30일

지은이 백승욱

펴낸곳 **고려대학교출판부**

www.kupress.com

kupress@korea.ac.kr

136-701서울특별시 성북구 안암동

02-3290-4230,4232

Fax 923-6311

찍은곳 한국컴퓨터인쇄정보

ISBN 978-89-7641-855-5 93870

값 16,000원

* 잘못 만들어진 책은 바꿔드립니다.